昆仑之书

限量珍藏版

安迪斯晨风 叶照 著

吕洋 绘

图书在版编目（CIP）数据

昆仑之书 : 限量珍藏版 / 安迪斯晨风, 叶照著；
吕洋绘. -- 重庆 : 重庆出版社, 2024.8
　　ISBN 978-7-229-18627-2

　　Ⅰ. ①昆… Ⅱ. ①安… ②叶… ③吕… Ⅲ. ①神话 –
研究 – 中国 Ⅳ. ①B932.2

中国国家版本馆CIP数据核字（2024）第085415号

昆仑之书·限量珍藏版
KUNLUN ZHI SHU·XIANLIANG ZHENCANG BAN

安迪斯晨风 叶照 著 吕洋 绘

出　　品： 华章同人
出版监制：徐宪江　连　果
项目策划：张国辰
责任编辑：徐宪江
特约编辑：刘　霜
营销编辑：史青苗　刘晓艳
责任校对：王昌凤
责任印制：梁善池
装帧设计：苏　玥

重庆出版集团
重庆出版社　出版

（重庆市南岸区南滨路 162 号 1 幢）

北京盛通印刷股份有限公司　印刷
重庆出版集团图书发行有限公司　发行
邮购电话：010-85869375
全国新华书店经销

开本：710mm × 1000mm　1/8　印张：40.5　字数：300 千
2024 年 8 月第 1 版　2024 年 8 月第 1 次印刷
定价：488.00 元

如有印装质量问题，请致电 023-61520678

序

早期昆仑，以山崇拜形式作为核心文化象征曾遍布广域中国大地各处。随着"中国文化圈"和"大一统"国家的形成，以及对黄河溯源的探索，昆仑逐步西延。昆仑西移，是大一统国家发展的需要与安排，为中国古代重要的国家文化与政治举措。

三千多年前，穆天子"升于昆仑之丘，以观黄帝之宫，而封丰隆之葬……见（帝女）西王母"。此时，昆仑早已是西域大山，西王母只是西域地方首领。周穆王西巡昆仑，以天子（帝子）身份接见同宗同祖同一文化传统的西域地方首领（帝女）西王母等活动，表明昆仑这个古代中国地理山脉与文化象征性神山，连同西域与西王母，都已经深深地烙印了中国权属。

两千多年前，《史记·大宛列传》有载："汉使穷河源，河源出于阗，其山多玉石，采来，天子案古图书，名河所出山曰昆仑云。"《汉书·西域传》记载："河有两源，一出葱岭，一出于阗，于阗河北流与葱岭河合，东注蒲昌海。……其水亭居，冬夏不增减，皆以为潜行地下，南出于积石，为中国河云。"据此证明，汉武帝钦定西域南山为昆仑，是国家确定昆仑与黄河源头的举措，明确昆仑所在即为天下所至，中原、西域同饮中国河（黄河）水，早已是天下一家。

《汉书·西域传》还有记载："西域……，西则限以葱岭。其南山，东出金城，与汉南山属焉。"表明西域南山东出金城（今兰州），与汉南山（终南山）为一脉，昆仑不是今天地理学概念大地构造之山脉，而是一条文化山系。

地学上，把秦岭、祁连山、昆仑山称为"秦 - 祁 - 昆"造山带，又称为中国"中央造山带"。从中国宏观地形区划特征来看，也称为中国中部的"中央山系"，包括帕米尔高原、喀喇昆仑、昆仑山脉、阿尔金山、祁连山、秦岭、大别山、太行山等，是中国西部到中东部高山集合体。历史地看，地学上的中国"中央山系"与中国文化精神的"昆仑"完全一致。

汉武帝经营西域依据于阗玉河（河源）、钦定"西域南山"为"昆仑"，历史逻辑在于古代西域作为亚欧大陆交通"总揽万国要道"的特殊地理条件与区位，即为陆路丝绸之路主要通道。

"西域"之名，源于"四方"与"四土"，以及"天下观"。因西域地扼早期中国对外交流的唯一陆路地理交通出口，西域大山脉自然成为文化昆仑比附之地。因而，西域乃国之西域，昆仑为天下昆仑。

昆仑文化认为，天是一个巨大的圆形存在，覆盖在地上，一切都在这一空间之内。从高度上看，一切都处于天的下方；从广度上看，整个世界都为天所笼罩。"天"指的不只是大自然的天，它实际上是包括了自然、民众、社会、祖先、世间万物的一种汇聚，代表最高的正义和权威。这直接导致了中国人只有一个最高神"天"的崇拜，一个"天下"的认识，也导致"天下一家"观念的出现。这个"天"与中国北方各民族崇拜的"腾格里"是一个天，是中国古代早期到现在我们共同的文化。

这样的昆仑，被比附为"帝之下都""百神所在"，三皇五帝、华夏先祖、西王母居地，因而也是一座神话之山。

昆仑有虚实之别。既是天人合一通天之圣山的文化象征，又是观象授时、封禅祭天的明堂。天子在此既可听察天下，又可宣明政教，是人神交通往来的天梯，是沟通天上与人间的道路，是祭祀祖先的圣地，天人合一的祭坛。

昆仑是一座玉山。"玉出昆岗"，玉是中国文化最早用来沟通天地之媒介，玉文化开始于九千多年前。和田玉作为中国历代王朝确认的国玉，重要性很早就被提升到国家治理的政治高度和国家认同的文化维度。

昆仑还是道教三十六洞天、七十二福地之上，最重要的仙山，也是佛教须弥山所在，是佛教进入中国的第一站，是中国佛教最早的西天，更是佛教中国化开始的地方。

巍巍昆仑，是中华文明生生不息的文化根脉。昆仑在中国文化中是一个顶级的概念，昆仑山系辽阔、雄浑、连绵不绝的地理尺度，实际上也是中华文明的尺度。

中国社会科学院考古研究所研究员　巫新华

目录

第一章

何谓昆仑

昆仑山是最能代表中国神话的一个象征物，它的名字最早见于《山海经》。

作为现存最古老的神话典籍之一，《山海经》中有关昆仑山的记录俯拾皆是，许多重要的神话人物都与之关联密切。除了《山海经》，战国时期的《庄子》，汉代的《淮南子》《列仙传》，唐代的志怪传奇，宋代的《太平御览》《太平广记》，明清的神魔小说，都存在与昆仑山相关的记载与情节，这座神话山脉经过数千年的发展，在一次次的传抄、扩写、化用、演绎之后，其内涵变得愈发丰富，也更为神秘莫测。

直到今天，昆仑山依然能引发人们内心的好奇与向往，一个重要的原因就是它与中国神话的紧密联系。神话被视为无文字时的历史，是每个民族埋藏于文明脉络中的古早记忆。我们自称为『炎黄子孙』，而炎帝与黄帝的时代也被称为神话时代，这意味着，在那个久远的时期，神话与历史交叠，真实与幻想交织，既有古人亲眼丈量过的山河日月，经历过的洪水灾劫，也有想象出的混沌初开，虚构中的神仙与精灵。昆仑山正是无数虚实交映的神话星火汇集而成，如同一座屹然遗世的高峰，却常年为云雾所笼罩，看似触手可及，却始终无法一窥全貌……

为什么是昆仑

在相信科学的今天，神话还有魅力吗？

我们把乘风破浪的船舰命名为"蛟龙"，将飞天探月的机器叫作"玉兔"，火星上放了"祝融"，太空中造有"天宫"，每到仰望星空的时候，我们仍会时时念起牛郎织女的爱情传说……神话并没有远离我们的生活，反而在获得文化自信的今天，与我们更加贴近。

所谓神话，是人们在蒙昧时代中产生的、对世间万物的浪漫化想象，或许不能用理性逻辑去解读，却能在精神层面唤起人们的情感共鸣。如果一个故事能引动你的心潮，或许是因为千百年前的祖先也曾被它激起斗志、点燃希望。

我们是一个英雄的民族，非常崇尚精神的力量，有句话说得非常对："中国人总是被他们中最勇敢的人保护得很好。"我们的神话故事大多是关于英雄事迹的传说：天上有十个太阳怎么办？我们想办法把它们射下来；自家门口挡着两座山怎么办？我们不管多难都要把它们移走；发大水了，我们就学大禹治水；天塌了，我们就学女娲补天。先祖们不畏艰辛、勇于抗争的精神，早就化作我们这个民族骨子里的东西，成为激发我们砥砺前行的星星之火。

这些传自遥远岁月的星火，也从侧面反映出了中国神话的特点，那就是像"单元剧"一样彼此独立，很少如今天人们热议的"漫威宇宙"那样出现"梦幻联动"。中国神话虽与希腊神话、印度神话等外国神话传说同样拥有很多位性格鲜明的神灵，却不像希腊、北欧众神那般，彼此之间或多或少沾亲带故，交织成一张庞大的关系网。

传说中，希腊诸神居住在高耸入云的奥林匹斯山上，有主神宙斯、天后赫拉、海神波塞冬、智慧女神雅典娜……十二位主神在山顶上呼风唤雨，主宰着大地上的一切，享有尊崇无比的地位，所以这里就是整个世界的中心。无独有偶，古印度神话的宇宙中心也在山上，这座山叫"须弥山"，尊贵的帝释天和他麾下的"四大天王"就居住在须弥山顶，统领着四方诸天。

为什么世界各地的神话故事中，神灵都喜欢住在高山上呢？

因为在交通不发达的远古时代，翻山越岭对每个人来说都是非常困难的一件事，且不说那些荒山野岭中潜藏着的危险野兽，在没有导航仪的前提下，旅人很容易就迷路、困死在山野之间。此外，高大巍峨的山岭，距离天空也更近，甚至在平原居民们的视角里，山顶本来就和天空融为一体。所以久而久之，越是陡峭危险、烟雾缭绕的高山，越容易引发人们的神秘想象，让人无限向往。

我们中国的神话传说中，也有一座可以和奥林匹斯山、须弥山相提并论的"神山"——昆仑山。

"昆仑"这个名字最早出现在先秦典籍《山海经》中，此后围绕它的记载种类繁多，延续千年，让昆仑文化早已成为中华民族共同的民族记忆。在古代史诗《穆天子传》中，西周时代的明君周穆王曾乘坐八匹骏马拉着的豪华马车，来到昆仑山与西王母相会；长篇古典小说《封神演义》中，姜子牙修炼仙术的玉虚宫就位于昆仑山上；而《白蛇传》中，白娘子为了救活许仙，也要从昆仑山中偷起死回生的仙草。直到今天还有许多武侠小说，或是以中国古代神话为背景的影视、游戏等作品都化用昆仑山的典故。可以说，这个从神话照进现实的名称直到今天依旧充满活力。

自然昆仑

昆仑山到底是座什么山？它位于哪里？这个问题对现代人来说，不是什么大问题。只要拿来一张中国地图，任何人都可以指出昆仑山脉的位置，它位于我国新疆维吾尔自治区与青海省、西藏自治区交界，西起帕米尔高原，一路浩浩荡荡伸延至青海境内，全长约 2500 千米，平均海拔 5500～6000 米，确实是一道雄伟壮丽、连绵不绝的巨型山脉。

不过，现代意义上的昆仑山，并不一定就是古人认知当中的昆仑山。《晋书》中有记载，酒泉太守曾认定酒泉南山就是昆仑山，并在上面建造祭祀西王母的庙宇。唐朝的时候，诗仙李白曾召集他的几位好友，一同寻访仙山昆仑，不过他并未着眼西北，而是向东出海，因为诸如《海内十洲记》一类的仙神典籍所记载的昆仑仙境，正是漂浮在东海上的一座无根之山。而在后来的《新唐书》《元史》《明太祖实录》等书中都记录过位置不同的昆仑山，更别提还有许多未经"官方认证"的杂谈怪论了。

那么，到底为什么古人会把现实中这座雄伟壮丽的"昆仑山"和神话传说中虚无缥缈的"神山"结合到一起呢？原来，这源于汉武帝的一个决定。

我们今天的地理课上会讲到，黄河发源于青藏高原上的巴颜喀拉山脉。但是在很长一段时间里，古人都认为，昆仑山才是黄河的源头。比如《淮南子》中就说："河九折而流不绝者，有昆仑之输也。"黄河之所以流淌不绝，是因为有昆仑山作为源头。

为什么古人坚信"河出昆仑"呢？大概有两方面原因。一方面，古人看到奔腾不息的黄河，怎么都想不明白，这么大的水量到底是哪儿来的？他们觉得，黄河肯定不是凡间所能孕育、自然之力所能为之的，于是赋予它一个神奇的源头——神话中的昆仑山。另一方面，作为滋养华夏文明的母亲河，黄河之源当然也不仅是一条河流的自然源头，更是一个民族的文化源头，这么说起来，谁又能比作为"天地之中"连通天地、"神界"与人界的昆仑神山更适合成为黄河源头的呢？

既然古人已经确立了昆仑山就是黄河源头，那么问题就变得简单了，只需要沿着黄河向上游走，就一定能找到它的发源地，也就是昆仑山。

汉朝刚刚建立的时候，国家久经战乱，而北方的匈奴实力正处在巅峰时期，他们发兵征服了西域（即现在的中国新疆和中亚地区）的广大国家，掠夺当地的资源和人力，并多次从西域侵扰汉朝边境，使得边境百姓苦不堪言。汉武帝登上皇位之后，国力渐渐强大起来了，他决定发动对匈奴的反击。这时候，一位名叫张骞的官员主动向武帝请缨，愿意去联络西域的国家，和汉朝一起反抗匈奴。张骞"凿空西域"，开辟丝绸之路的丰功伟绩不必赘述，不过鲜为人知的是，他的身上还肩负着另一项重要使命，就是寻找昆仑山。

张骞第二次出使西域的时候，路过于阗国（位于现在的新疆和田地区），发现此地有一种奇特的现象。在于阗

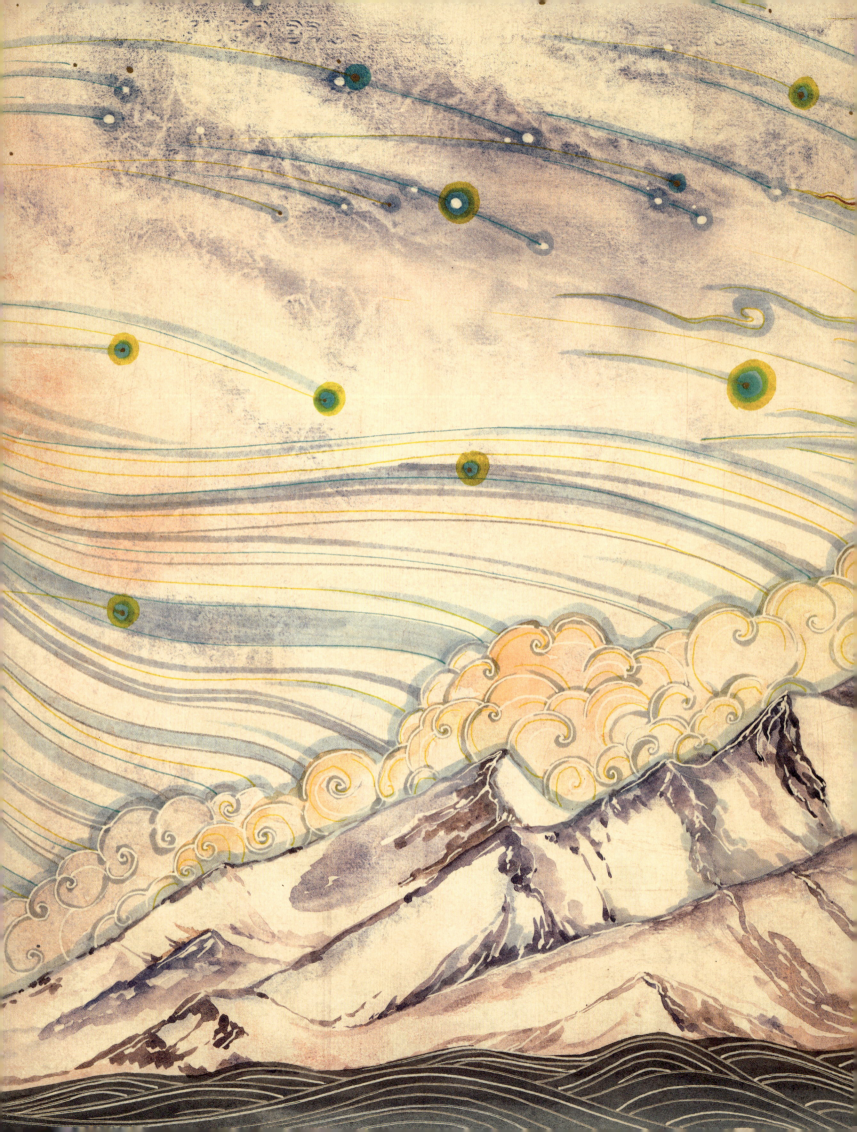

自然昆仑

以西，河水均由东向西流，注入西海之中。而东边的河水都由西向东流，注入盐泽之中，盐泽之水又潜入地下，直到积石山才流出地面，成为黄河。张骞逝世以后，汉武帝又派出新的使者寻找黄河的源头。最终，使者认定了于阗国南面的一座大山就是黄河之源，而且此山盛产玉石，符合昆仑的别名"玉山"之称，汉武帝便依照古书所言，将此山命名为"昆仑"。这个名字一直沿用到今天，就是前面所说地图上的昆仑山脉，即使人们早就知道黄河的源头并不在此处，也不曾撼动它"昆仑"的名号。

汉武帝之所以要把于阗南山定名为昆仑山，有着多维度的考虑。首先，他通过这种方式来威慑西域诸国，为其进一步经营西域做好铺垫。毕竟，昆仑山作为中国远古神话传说中神仙们居住的"中央之山"，杵在西域这片土地上，一下子就让人产生诸如"西域自古以来就是大汉领土"之类的联想，使大汉在西域诸国间树立起宗主国的形象。

但更重要的是，汉武帝想要通过确定昆仑山的方式来强化皇权。昆仑山具有一种抽象的象征含义——"天命"。在"君权神授"的封建王朝，每一任帝王都要想方设法向天下人证明自己统治的合法性，最好的办法就是"得天命"。特别是在西汉时期，汉武帝采纳了董仲舒的"天人感应论"，逐渐确立完善了一整套官方祭祀制度。他竭力标榜自己人君之外的另一重身份——神明。

至于昆仑山为何与神明、天命联系在一起，这就要从昆仑山的神话含义中去寻找答案了。

仙境昆仑

与昆仑山关联最深的神明是西王母，她掌握着不死神药，也就是掌握着成仙的奥秘。

文人墨客在诗句中吟咏的昆仑，大多是在表达一种超脱于世的精神追求。人生不如意事十之八九，人活在世上，就要经历肉体上的生老病死，于是人们自然而然地生出"逃离一切苦难"的愿望。帝王将相不问苍生问鬼神，也是为了永享富贵，逃避死亡的终局。简而言之，他们的愿望都可以浓缩成四个字——长生不老。

长生不老的魅力有多大，只要看看《西游记》中的妖怪们对唐僧肉有多么执着就知道了。而孙悟空穿州过省，游遍四大部洲，一心所求的不也是长生的法门吗？所以说，广泛存在于志怪小说里的求仙问道，本质上就是求一个长生不老、脱离俗世的苦难罢了。

原来寻找昆仑山的人，真正想找到的并不是山脉本身，而是传说里的仙人和仙药。那么在他们心中想象的昆仑山是什么样子呢？

东晋时期王嘉编写的神话小说集《拾遗记》中记载："昆仑山有昆陵之地，其高出日月之上。山有九层，每层相去万里，有云色。从下望之，如城阙之象。四面有风，群仙常驾龙乘鹤，游戏其间。"

这里提到的昆仑山，早就不再是自然之山，而是一座井然有序的神仙宫殿。它位于北斗七星正下方，屹立于海中，上面有玉石堆砌的宫殿，还有芝兰园圃，群仙在此种植仙药。这是晋代人所想象的神仙生活，餐风饮露，与龙螭为伴，脱离俗世的规则，自在逍遥。

更重要的是，此时的昆仑山与印度传来的须弥山是画等号的。《拾遗记》原文直接写道："昆仑山者，西方曰须弥山。"这是外来概念与本土名称的嫁接，二者的外形与功能有相似之处，便融合为一体，昆仑山也就像须弥山一样成了"宇宙"的缩影。

将昆仑山描述为神仙乐园的记载有许多，虽然辞藻不同，但内容大同小异，其实都是在《山海经》的基础上进行发挥。经过千百年的扩写，增添了不少各个时代的特色，比如对西王母的描述，从蓬发虎齿的野性模样，到端坐瑶池开蟠桃盛会的王后形象，充分展示了人们对神仙的想象是如何演变的。

总体来说，经久不衰的神话传说总是围绕着"不死神药"这个主题，反映的是人们对死亡的恐惧以及对现实生活的逃避心理。昆仑山代表了世外桃源与长生不死的境界，符合人们的心理追求，这就使仙话中的昆仑山完全脱离了现实的范畴，成为一处隐秘的仙境。

仙境昆仑

天柱昆仑

昆仑山能成为仙话小说里首屈一指的世外仙境，是有原因的。

仙境昆仑大约要到秦汉时期才逐渐成形，但在更久远的时代，人们对昆仑山的信仰便已经存在了。

在极为久远的原始社会，人们刚开始有了生死观念，并且单纯地相信人死之后会变成魂灵。魂灵近乎天神，拥有超自然的力量，既能赐福庇佑子孙后代，也可以降下灾祸，所以要不断地祭祀先祖，让他们不要发怒。祖先崇拜有可能就是这么发展而来的。

殷商时代留下的甲骨卜辞中对商王的记录是这样的：活着的称为王，死后则称为帝，而代表最高权威的天神也称为帝。足见人死后成神的观念源远流长。

按照《国语》的记载，曾经有一个"民神杂糅"的时代。神和人没有被分隔在天地两端，而是融合在一起，其特征就是家家户户都能搞祭祀，人人都能当巫祝，这在统治者看来肯定是不行的。于是，当时在位的君王颛顼命令手下的两个官员重和黎，一个整合天上的神灵，一个管理地上的人民，令神与人之间的界限分明。在《山海经》里，这个事件更加形象，"帝令重献上天，令黎邛下地"，也就是让重托着天，黎按着地，强行把天地之间的距离加大，从此人们再也不能随意来往于天界人间。

这一举措，在历史上被称为"绝地天通"事件。

研究者们对"绝地天通"的解释各有不同。有的认为这是神话时代与历史时代的分界线，数不清的神灵被扫入高阁封存起来，于是关于人本身的历史才真正开始；有的人说这其实反映了历史上的历法改革或"宗教改革"，由一个中央王权结束了众多小部落各行其是的混乱局面，统一使用一套历法和神灵体系；也有说这是大部落吞并小部落后，消灭其宗庙和祭祀的手段。总而言之，"绝地天通"意味着结束混乱，确立新的秩序。

然而，不知道为什么，天地之间的通道还留下一处，那就是天柱——昆仑山。

《淮南子》记载：从昆仑山向上攀登，能到达凉风之山，可以长生不死；再往上走，到悬圃，就得到神灵的力量，可呼风唤雨；再往上去，就能到达天界，变成天神。

昆仑山不仅能连通天界，往下还能到达地府。

《博物志》写道：昆仑山地下深处，有一个叫作八玄幽都的地方，方圆二十里，有巨大的石柱相互交错。

"幽都"在古代文献中有北方、黑暗、寒冷之地的意思，逐渐引申为地府的概念。屈原的《招魂》里就把幽都作为地狱的代称，这里不但阴森可怖，还有许多怪兽潜伏。

在古人的想象里，天上、人间、地下如同三个平行的空间，像一层层蛋糕一样叠在一起，而昆仑山就像一根蜡烛，打通三个空间的同时，也形成了一处展示它们的截面。若要把这个截面表现出来，应该就像马王堆汉墓出土的帛画那样，上有日月旷照，中有人世百态，下为幽冥鬼物，框住了古人对世界万物的认知。

神话昆仑

继续往前追溯，要理解昆仑山的本来面目，一定要回到最初记载昆仑山的文本——《山海经》，这是一部公认的天书，带有浓厚的远古气息和神秘色彩。

虽然学界一般认为《山海经》的成书年代在战国时期，但其中内容相当驳杂且古老，包含了大量夏朝、商朝、西周三代甚至是原始社会的山川地理、民族风貌以及刚刚萌芽的神话传说，可以说是我国最早的"博物志"。袁珂先生曾将它评价为"神话之渊府"，认为这是目前所知最原始也最丰富的一座原生态神话宝库。

神话是最初的历史。千万不要把神话思维和迷信混同起来而一概拒绝，神话思维就相当于孩子的想象力，每个人心底都多少保留着童真时代的美好幻想，它既是天马行空的虚妄，也是我们人生经历的一部分。如果把五千多年来的历史比喻成一个人成长的过程，那么神话就相当于他童年的记忆，掺杂着真实与虚幻。

《山海经》便是这样"真假交杂"的一本书，其中记录的山川、方国、人群、动物有可能是历史上真实存在过的，只是需要用神话的思维来解释它们。

前文提过，昆仑是连通天、地、人三界的通道，那么这个通道有什么功能呢？这就又回到汉武帝钦定昆仑山是为了确立君权天授的正统与权威这个故事上了。

我们神话中的远古帝王，不论是黄帝、炎帝，还是尧、舜、大禹，要确立自己的天子身份，都要做一件事，就是找一处高地会盟诸侯，在诸侯面前完成天命的交接仪式。

相似的仪式传统，我们可以从历代皇帝最重视的泰山封禅上面看到。

巧合的是，神话中的泰山也是一座上通天界、下连地府的神山。古人推崇泰山，称其为"天孙"，意思是天帝的后裔，与昆仑山的地位不相上下，以至于不少学者都认定，泰山就是神话中昆仑山的原型。

我们可以想象，在人们还穿着兽皮，拿着石器相互交战的部落时代，所谓的天子只是部落联盟所承认的共主，而那时的"泰山封禅"也未必要登上泰山，也许只是在某座不知名的小山丘上进行。但因人们对这仪式的推崇，让那座小山丘获得了神的属性，从此成为想象中的神山——昆仑。

是山？非山？都不重要，昆仑的本质是人与神交流的通道。非要说它有个什么形象的话，它可能是一座祭台，可能是一座高塔，可能是一处土丘，或用于封禅，或用于观星，或用于拜神。总而言之，昆仑山是"神权正统"的象征。

此前所说的"绝地天通"事件，实际上就是把与神沟通的权利收到统治者手中，令神权与君权合二为一。

综合来讲，昆仑山从神话中来，变成了现实的土岩之山，又回到文化中去，成就了无数的传说。对我们来说，它早就超越了它的本源，在自然地理和文化艺术中保持着生命力，不断地创造新的价值。它是中华民族精神世界中的一座世界之山。

天柱昆仑

神话昆仑

第二章

玄奇天险
昆仑之丘

昆仑山既是天命王权的象征，又是世外神仙的秘境，地位崇高自不必说，更笼罩着一重神秘的面纱，纵观千年神话，能一览昆仑山全貌的人物屈指可数，其中最英雄了得的当数后羿。

传说后羿为向西王母求长生药，不惜攀绝壁、渡弱水，经历万重艰险，才到达昆仑山的顶峰。如今我们不妨就跟从后羿的视角，沿着冒险者闯入仙境的道路，看一看昆仑山究竟是什么模样。

远望：三重叠嶂

后羿从夏都出发，踏上了前往昆仑山的征途。

他披荆斩棘、风餐露宿，翻越崇山峻岭，终于登上一座高峰。向遥远的西土望去，眼前天高云阔，山河壮丽，远处尽是苍莽与未知，是那混沌未开的大荒世界。

他要做的第一件事，不是到达昆仑山，而是从无数大山荒岭之中找到昆仑山。

神话里的昆仑山是什么形状？

儿童认字卡里的"山"，多是用一个三角形来表现，尖尖的是山顶，宽宽的是山脚。我们脑海中符合常理的山，就和"山"这个字一样，下大上小，多重峰峦林立，覆盖着绿树或白雪。

可神话中的山一定是常规的山吗？或许不一定。

神话里的昆仑山有着明确的功能分区，即昆仑丘和昆仑虚。《山海经》里出现过二十次"昆仑"，主要分成两类，其中以昆仑之丘和昆仑之虚最为正式，描述较为完整。从下文两段不同的记载中可以看出，昆仑丘是指自然的山体部分，而昆仑虚则是指山顶上的建筑。

对昆仑之丘的描写：

西南四百里，曰昆仑之丘，是实惟帝之下都，神陆吾司之。其神状虎身而九尾，人面而虎爪；是神也，司天之九部及帝之囿时。有兽焉，其状如羊而四角，名曰土蝼，是食人。有鸟焉，其状如蜂，大如鸳鸯，名曰钦原，蠚鸟兽则死，蠚木则枯。有鸟焉，其名曰鹑鸟，是司帝之百服。有木焉，其状如棠，黄华赤实，其味如李而无核，名曰沙棠，可以御水，食之使人不溺。有草焉，名曰薲草，其状如葵，其味如葱，食之已劳。河水出焉，而南流东注于无达。赤水出焉，而东南流注于氾天之水。洋水出焉，而西南流注于丑涂之水。黑水出焉，而西流注于大杅。是多怪鸟兽。

——《山海经·西山经》

对昆仑之虚的描写：

海内昆仑之虚，在西北，帝之下都。昆仑之虚，方八百里，高万仞。上有木禾，长五寻，大五围。面有九井，以玉为槛。面有九门，门有开明兽守之，百神之所在。在八隅之岩，赤水之际，非仁羿莫能上冈之岩。

——《山海经·海内西经》

《云笈七签》里写道，昆仑山分上下两部分，下面是正常的山，山尖朝上，上面还有一座三角山，"形如偃盆，下狭上广"，也就是将山倒立过来，山尖朝下。两座山的山尖相对，组成一处沙漏形状的奇异景象。昆仑虚，也就是建筑部分，位于三角山的顶部，那里反倒是一整片平地，足以建起一座云外之城。

古书中也有说昆仑山像一个酒杯的，有种玉做的酒杯就叫作玉昆仑。我们猜测玉昆仑的形状应该与觚差不多，就是孔子感叹"觚不觚"的那个东西，也是用来装酒的，两头大，中间细，使用方式和今天的红酒杯一样，握住觚的细腰才能端起来。唯一的区别在于觚的截面是圆的，而昆仑山有棱有角，截面是方的。

不论是昆仑丘还是昆仑虚，其最大的特征就在于分层。

《拾遗记》写昆仑山体分为九层，每一层都有不同的景物。但以《拾遗记》成书的年代，以及其中的文字来分析，它的作者明显受到了佛教的影响，不自觉地将昆仑山与须弥山混合到一起，所以九层的说法不能全盘接受。

但昆仑山一定是分层的，这一点《淮南子》等多本典籍中都有明确的记载，归纳成两句话，就是三层土丘、九重层城。站在遥远处看不清山上的城楼，所以在这一章节，我们只讲昆仑丘，把昆仑虚留到下一章再说。

·二三·

昆仑之丘

三成为昆仑丘

《说文解字》中，"丘"原写作""，意为高地，由"一"和"北"组成。"一"代表人所居住的地面，"北"则表示位于聚落北面的山丘。

这跟古人的居住习惯有关系。今天我们住在楼房里，总结出一套楼层特点：一楼最潮湿，楼层太高则怕晒，还是中间楼层刚刚好。古人也有这种共识，但没有高楼，而且早期的房子都是半地穴式的，要是选在低洼的地方建造，一旦下雨就成了天然蓄水池，搞不好连地下水都会漫上来。所以，古人要造房子，也会选在地势不高不低的小山丘上。

而"北"的本义是"背"，所以也有人说""的意思是平顶的小山，就像人的背部一样。同时，四面较高、中间低洼的地理环境也叫作丘，据说孔子名丘，就是因为他的头顶略有凹陷。

总的来说，丘是一类地貌环境，地势比较高，顶部较平或下凹。在远古的时候，人们为了躲避猛兽和水患，往往会选择在地势较高的地方居住，但又不能住到高峻的山巅上去，那样既远离水源，也不适合发展农业。丘这种地形就很合适。

如果没有合适的丘，人们还会用土堆成小山丘，在上面建造房屋。距今五千年左右的良渚人就是这么做的，他们用黄土垒出一片台地，在上面建造了雄伟的宫殿，作为国王生活的场所。这种居住习惯的影响持续了很长时间，遍及世界各地，例如动画片里常见的欧洲领主们的城堡，总是建在地势高的地方。

为了挑选丘，古人充分发挥了"匠人"精神，《尔雅》在"释丘"一节中列举了三十多种丘的类型，昆仑丘也在其中，它的具体介绍为"三成"。

三成就是三层。注意，这里记载的昆仑丘并不是什么独一无二的神山，而是常见的一类山丘的总称，只要是分为三层的山丘，都可以叫作昆仑丘。

在原始社会中，人们在一个一个的小丘上居住，形成了一个又一个聚落。慢慢地，这些聚落组合成部落，他们向外攻占，扩大领地，带领他们战斗的英雄成了首领，被推举为王。身为王者，当然要住在最高最大的山丘上。

王的目光落向了一座位于西北方向的巨大山丘，那座山丘层层向上，仿佛能通到天界一般。于是王率领族人，在丘上建造了祭台和宫殿，用于祭祀天帝和众多神灵。古时候的部落首领也是巫祝，他们登上昆仑丘，就能和天神进行交流，预测天象和吉凶，所以人们会把那座山丘称为天柱或天梯，每攀登一层，就离神灵更近一步。

这大概就是昆仑丘神话的起源。

《水经注》说："昆仑墟在东北，三成为昆仑丘。《昆仑说》曰，昆仑之山三级：下曰樊桐，一名板桐；二曰玄圃，一名阆风；上曰层城，一名天庭，是为太帝之居。"

《淮南子》说："昆仑之丘，或上倍之，是谓凉

风之山，登之而不死。或上倍之，是谓悬圃，登之
乃灵，能使风雨。或上倍之，乃维上天，登之乃神，
是谓太帝之居。"

　　昆仑丘分为三层，第一层是樊桐，也叫凉风之山，
顾名思义，山岩高耸巍峨，树木繁茂，寒风往来悬

崖幽谷之间，呼号不断。这是最贴近自然原始的状态。
　　第二层是悬（玄）圃，字面意思就是半空中的
花园，已经介于自然和人造之间。
　　到了第三层，无论是层城，还是天庭，都很明
显是在表示建筑，而不是天然形成的地貌。

悬
圃

太帝之居

穿越：三道屏障

后羿站在山冈之上，听见哀凤凄厉的鸣叫。

极目远眺，迎着九天罡风吹来的方向，他见到云海翻涌处矗立着一座青墨色的大山，想必就是此行终点。可惜的是，阻挡他的并非遥远的距离，而是寻不到靠近昆仑山的路径和入口。

昆仑山不是凡人能够涉足之地，天神在此刻意设置了三道屏障，作为寻访昆仑秘境之人的最初考验。

西海之南，流沙之滨，赤水之后，黑水之前，有大山，名曰昆仑之丘。

——《山海经·大荒西经》

昆仑山最外围的一道屏障是流沙。黄沙如河流般起伏涌动，人一旦踩上去，立马就会陷入其中，被沙子吞没。

在人们的印象中，井口大的一方流沙就足以吞噬性命，遑论如大江大河一般奔涌的沙之河，那就是不可逾越的天险。

古人有多害怕流沙呢？《山海经》中到处有关于流沙的记载，位置遍布东南西北，东方葛山之尾、北方灌题之山、西北海外，都有流沙的身影。而环绕昆仑山的这处流沙所经范围有多大？据《海内西经》所述，流沙出自钟山脚下，向西流淌，又拐向南，绕过昆仑山，往西南方向汇入海中，这多像一条真正的河流啊！

晋朝时便出现了沙漠与河流形象交融的传说，记载在《拾遗记》中。黄帝的两个臣子——风后与常伯，巡游天下，日行万里。早晨经过洹流，那是一片沙漠，沙细如尘，人一踏上去就会下陷。洹流的别名叫作"沙澜"，因为这里的沙起伏汹涌，像波澜一般。神奇的是，这片沙海中能长出青色的石质莲花，其下还潜藏着神龙和鱼鳖，都能从沙浪中跃出飞翔。传说有一个仙人叫宁封子，误食了这里的飞鱼而死，二百年后又起死回生，回到沙海上故地重游，还赋诗一首："青藻灼烁千载舒，百龄暂死饵飞鱼。"

从《山海经》中的流沙，到《拾遗记》里的沙澜，相似的传说让我们不由得相信，确有一处广阔无垠的沙漠阻断了人们去往昆仑山的道路。在今天看来，它会在哪里呢？

或许有人会想到，我国大部分沙漠都集中在西北部地区，与昆仑山所在的地域相吻合。而古人并没有穿越沙漠的能力和条件，起源于中原的文明无法到达沙漠深处，所以那就是古时候的边疆，让昆仑山成了异国之地域。

流沙的确有边疆的意思，但它的位置未必是固定的。传说大禹治水以后，丈量国土、划分九州，令四海平定。他的威仪远播八方，"东渐于海，西被于流沙"，可见流沙是当时华夏文明向西传播可达的最远区域。渐渐地，西方地界的流沙变成了一个专有名词，代表西方疆界，只要提到流沙，直觉上就会想到遥远的西方，荒凉的化外之地。

在《禹贡》的基础上，历代地理书都接受了这个说法，比如晋代的《博物志》说："中国之城，左滨海，右通流沙。"《山海经》记载，流沙中有两个国家：埻端之国、玺喚之国，位于昆仑山的东南方向。据说这两个国家其实是海内设置的两个郡，但因为它们地处流沙之内，就不称其为郡县，说明已经超出了领土范围。流沙，就是西边疆界的尽头。

天下视野的改变，是由地理知识的积累所推动的。在大禹划定九州的时代，人们相信嵩山标志着天下的中心，所以嵩山是"中岳"，而同在河南的夏都阳城便符合天子居中的法则。后来到了春秋战国的时候，人们对西方大地的认识增多，九州的概念便随之扩大，昆仑山成了天下的中心。从前的九州整体变成了赤县神州，只占新九州的东南一角，人们对自己的认识也逐渐从"中央之国"转变成了"东土大唐"。

然而无论疆域怎么改变，流沙仍旧雄踞西土，依然横在神州与昆仑山之间，把昆仑山圈在疆域以外，使之永远保持着异域秘境的神秘气质。穿越流沙，意味着离开熟悉的世界，进入不可预测的异国他乡。

数字三的力量

《尔雅》云："三成为昆仑丘。"

这句话直接翻译是："分为三层的是昆仑丘。"但我们都学过，"三"可以是虚指，代表"很多"。昆仑丘可以有很多层，但那样就失掉了"三"这个数字所蕴含的神话意义。

数字"三"本身是一个"神秘数字"，这是一种在世界上普遍存在的文化现象。有些数字会反复出现在神话、诗歌、宗教、文学等艺术的创作当中，传达出神圣或邪恶的意义，例如基督教的文化中会反复出现数字"七"，以加强神圣感：神创世用时七天，第七天是安息日；上帝用亚当的第七根肋骨创造了夏娃；七大美德、七宗罪；等等。

在我们的生活中，数字也常常带给人们心理暗示，因而容易产生"数字迷信"的行为，比如对带数字6和8的事物有偏好，给日期附上特殊含义，如"520""双11"等。这些现象中，有一部分是今人的创造，还有一部分则是刻在潜意识里的文化基因。

人们对数字的敏感，最早可能来自结绳记事，也有可能产生自原始的天文观测，或是在计算历法的过程中赋予了数字特殊的哲学意义。所以对数字三的尊崇，就有可能来自日、月、星（三光），或者是天、地、人（三才）。

日、月、星都是天体。《易传》将数字一至十划分为天数与地数，三属于天数，代表天圆，与代表地方的四相对。因为在古人看来，圆的周长近似于直径的三倍（π 可以约等于3）。而昆仑的诸多含义中，有混沌一说，原指水中的旋涡，引申为圆。

而在天、地、人的体系中，人是天与地的媒介。"三"具有阴阳调和，化生万物的意思。《道德经》曰："道生一，一生二，二生三，三生万物。"无形的"道"派生出原始的混沌为"一"，混沌分出阴阳二气，阴阳囊括天与地、日和月等一切相互对立又相互消长的事物，当这些事物协调并存、此消彼长时，万物就能生生不息。如今的故宫博物院中，乾清宫与坤宁宫之间，建有一座交泰殿，得名于《易经》"泰卦"中的"天地交，泰"，寓意"天地交合、康泰美满"，三殿的组合正像一个"三"字。

不论是代表天，还是代表化生万物，"三"都有无可置疑的神圣性。因此，上古时代的祭台，大多是三层的形制。古人说："土基三尺，土阶三等，曰坛。"坛就是灵台、祭台，是巫师们观察天象，预测未来的场所。《三国演义》里诸葛亮借东风，就要登坛作法。

在考古研究中，距今五千多年的红山文化牛梁河遗址就出现了三环结构的圆形积石冢，可能具有祭坛的性质。而明代建成并留存至今的天坛祈年殿，仍以三层圆形屋顶象征苍天，可见这种古老的观念一直在延续。

昆仑山作为通天的圣地、众神的居所、万物尽有的乐土，符合"三"所代表的天与万物。三层的昆仑山，更像是矗立天地间的一座祭坛，汇集了人间的一切愿望憧憬，通往无尽的高天。

炎火之山

（昆仑之丘）其下有弱水之渊环之，其外有炎火之山，投物辄然。

——《山海经·大荒西经》

炎火之山，顾名思义是一座火山。

古书上记录的火山，往往介于现实与魔幻之间。《拾遗记》里描写了一处火山温泉，平时沸腾不止，到了冬季便干涸，冒出滚滚黄烟。《神异经》说南荒外有一座火山，昼夜燃烧，暴风雨也无法扑灭。《括地图》中则说神丘上有个火穴，从中射出的光能照亮千里。这些用我们今日的常识便能理解，只是自然现象，与神异无关。

但是古人有一种惯性思维，每当见到什么奇怪的现象，总要找个原因。比方说《西京杂记》里有一个小故事：天上暴雷响后，山林一片大火，烧坏了田地，百日之后，当地人挖到了一具龙骨和两具鲛骨。言下之意，这天雷和山火是因神兽相斗而引发，不是自然发生的现象。

《山海经》对炎火之山的描写就是既真实又魔幻的。它像《西游记》里的火焰山一样，漫山遍野都是火苗，好像一场巨大的山林火灾便能解释得通。可匪夷所思的是，这座山上还能长出树木，栖息鸟兽，都"生育滋长于炎火之中"，这便唯有将它归入神话行列了。

数百年的时间中，人们传说炎火之山上的草木可以纺织成一种布料，名为火浣布，可以制作避火衣。这种布料是纯白色的，如果弄脏了，只要丢入火中一烧，就能去除污渍。也有说火浣布是用山上生长在火中的鸟兽羽毛编织的，其中描述最详细的要数《神异经》，它细细描述了山上那重逾百斤的火鼠，它们长着二尺长的毛，要用这毛捻成线，慢慢织成布料。

如今来看，火浣布其实没有那么神秘，它是石棉纤维纺织成的布料，严格来说算是一种矿物，而不是某种动物的毛。这便又成了神秘与现实交织的一重佐证。

如果将火焰与鸟兽树木分开来理解，炎火之山可能是一座休眠中的火山，肥沃的火山灰使得植物繁茂，而间歇喷发的热气或小规模的山火带给人火焰山的错觉。当然还有一种可能，这就是一座正在喷发的活火山。因为《山海经》的蓝本是图卷，其中语句不少是描述正在发生的场景，表现炎火之山有"投物辄然"四字，既然炎火之山能点燃任何物品，那必定是一片正在燃烧的山林。

对昆仑山而言，炎火之山的特殊之处在于它的隔绝和净化作用。流沙虽然环境恶劣，其中还是有人能够居住，但没有人能够靠近燃烧着大火的高山，它是一道鲜明的屏障，阻断凡人探寻昆仑山的道路。

据《山海经·西山经》记载，站在槐江之山上眺望昆仑山，只见"其光熊熊，其气魂魂"，这光和气是否就是炎火之山的怒焰与蒸腾而起的热气呢？

火，代表光和热，它是太阳的一重分身。以今人的眼光来看，使用火是文明产生的一个重要标志。人们用火烹饪，熟食能减少疾病传播；火焰能驱赶野兽，保卫部族的安全；用火焚烧荒野，可以开辟耕地，这些都促进了人类文明的发展，故而不难理解古人会将火视为神圣之物。在希腊神话中，火焰掌握在神明手里，普罗米修斯盗取火种后，人类才拥有了这项神迹。中国的神话里也有燧人取火的传说，因为这项创举，人们将燧人氏奉为先贤圣君，与女娲、伏羲等同列。

古人相信，火焰产生的烟向上升起，能够通到天上。因此在举行祭天仪式时，会在祭坛上点燃柴堆，与之相对的祭地仪式则是将祭品埋到地下。过年时祭祀灶神，为了防止他上天说坏话而要用蜜糖糊住他的嘴，这样的习俗也有可能来源于烟能通天的观念。与灶神崇拜非常相似的还有火塘的神圣性，许多少数民族的房子里保留着火塘，除了做饭、取暖，还兼具举行神圣仪式的功能。如果说昆仑山是一座巨大的祭台，那么炎火之山便是祭祀用的火塘。

想要靠近昆仑山的英雄，必须穿越这洗炼灵魂的大火，获得宗教意义上的"洁净"身份，才能继续上路。

火崇拜

炎火之山

弱水之渊

弱水之渊

弱出昆山，鸿毛是沉，北沦流沙，南映火林，惟水之奇，莫测其深。

——《艺文类聚》引《弱水赞》

弱水，直白的解释是无力的水，连草芥和鹅毛都托不起来，更别提人和船只了。

《太平广记》引《集仙录》里说，昆仑山下有"弱水九重，洪涛万丈，非飚车羽轮，不可到也"，除了凌空飞渡，没有其他办法，可见这又是一重隔绝凡人的屏障。

昆仑山被《山海经》称为天帝在人间的一座都城，那么弱水之渊就是它的护城河。《山海经·大荒西经》在描述弱水时，用了"环之"二字，表明这条河是环绕着昆仑山的。后来，《海内十洲记》沿用了这个特点，并扩写了弱水流经的区域，东南方向连接着积石圃，西北方连接着北户之室，东北方临近大阔之井，西南方靠近承渊之谷。

很显然，这种规规矩矩、四四方方的水流是"天帝"刻意为之，专门用于保护昆仑山不受外界窥探。

我们知道，液体的密度越小，浮力越小，弱水连羽毛的重量都无法承载，可见其密度已经接近气体，类似一条云雾汇成的烟气之河。同时它又深不可测，人跳进去就相当于跳进了一处悬崖，不知会落入怎样的虚空之中。

但不少史书都相信弱水的存在，还记下了它的位置，这可能源于古人对密度的一种模糊认识。不过，弱水的发源地并不明确，有说它源自昆仑山的西南角，也有说它发源于穷石山。根据《禹贡》和《淮南子》的记载，弱水的流向是比较确定的，在大禹划分九州的时候，他曾将弱水导流至合黎山，让其下游进入流沙，最终汇入南海。这导引弱水的行为，或许就如同驾驭风暴似的，驱赶着天上的云流，让它去往干旱之处，最后回到海中，完成一次水的循环。

然而，对于勇闯昆仑三道屏障的人来说，除非羽化登仙，纵云直上，才能越过弱水的阻隔，见到昆仑山的真正面目。但这也意味着更多、更险恶的考验，正等待着他。

飞渡：众水之源

通过三道屏障让后羿颇费了一番工夫。

流沙茫茫无垠，难辨方向，令人头晕目眩，若是脱水太久，便会产生幻觉。自以为找到了绿洲水源，实则正恍惚地顺着黄沙流淌的方向踏入险境，葬身于沙下潜藏的龙蛟腹中。

炎火之山炽热难当，即便穿着避火衣，仍然会被浓烟熏得喘不过气来。

弱水最具迷惑性，刚受过火焰灼烤，突然见到一条大河，难免欣喜若狂，要是真的纵身其间，只怕会坠入无常处，再也不能回返了。

好在后羿技艺非凡，又胆大心细，凭借他一身本领和天帝赐予的神弓，终于通过了这三重考验。昆仑山近在眼前，可当他驻足凝望，只见江河漫漫，水网交织。原来除了弱水之外，还有许多河流从此山发源，环绕在山体四周，将这座"天帝都城"装点得更加神圣庄严。

黄河接天河

古人相信，山是大地的骨骼，江河则是大地的血脉。昆仑山被视为大地的首领，天与地的中枢，又怎会只有土石，而无水源相配合呢？

昆仑山上的水源之多远超想象，山体四周环绕着赤水、黑水、青水、洋水、河水、弱水；山上还有醴泉、瑶池、九井、天池，每一处都值得说道。

这其中的河水就是我们熟知的黄河。黄河被视为哺育了中华文明的母亲河，传统文化中山有"五岳"，水有"四渎"，黄河正是四渎之首，因此黄河的水神被称为"河伯"。伯，既指家中长子，也有百官首领的含义。

古人一直坚信昆仑山是黄河的发源地，还记得吗，汉武帝定下的昆仑山就是沿着黄河溯源而上找到的。

在古人的眼里，黄河不仅仅是地面上的河流，还是天上银河的化身，甚至直接与霄汉相通。《抱朴子》曾言："河者，天之水也。"可见李白的名句"黄河之水天上来"所言不虚。与此对照的有印度神话中的一个传说，恒河原是天上的女神，接受了人间国王的请求从天上流下，却因为水势汹涌而造成灾祸，直到湿婆神挺身而出，在上游承接了水流的冲击，这才令恒河的水流变缓，成为滋养万物的圣河。在我们的神话中，黄河不仅是从天而降的洪流，最终还要回到天上去，完成水流在天地之间的循环。

晋代的《博物志》记录了一则故事。有一个闲人，偶然听到了天河与海相通的传说。他居住在海岛上，每年八月，海边都会按时漂来一只其貌不扬的浮槎，从来不误。闲人便想亲身试一试传说的真假，于是准备了干粮，在八月登上了海面漂来的浮槎，顺流而去。最初的十几天内，还能望见日月星辰，尔后就陷入一片恍惚茫然之中，不辨昼夜。又过了十几天，他终于见到城郭与屋舍，有女子在屋中纺织，这时一名男子牵着牛来到河边饮水，见到浮槎上的人，惊问他如何到来。闲人问这是何地？牵牛人却不回答，只让他回去后找一个名叫严君平的人询问便是。第二年八月，浮槎像往常一样漂流到海边，闲人终于上岸回家。后来他真的去拜访了严君平，得知曾有一颗客星临近牵牛星宿，正是他在浮槎上见到牵牛人的时候。

海上八月有浮槎，年年去来不失期。人乘坐木筏便能顺着海水经行银汉，最终又回到原地，这不仅是水流贯通天地的证明，还带有一些循环、轮回的哲思在其中。那么，作为"黄河源头"的昆仑山，显然就是天与地的交点，万物生灭的平衡之处了。

众水南流

除了黄河，昆仑山的其他水源也有神异之处。

按《淮南子》所述，赤水、洋水、弱水与河水，是"帝之神泉"，可以调和百药、滋润万物。同时，昆仑山疏圃中的水源与黄泉相通，黄泉之水环绕三周，复归于起点，便渗出为丹水，人喝了可以长生不死。这暗示了昆仑山与冥界相连，或许从这里发源的河流便如冥界之河一般，既是阻隔幽冥之地的护城河，又有赐予人永生的作用。

我们只需对比《淮南子》《西山经》和《海内西经》分别描写的昆仑山河流，就可看出一套特有的水系模型。首先是赤水、河水、洋水与弱水组成的"四水模式"，这四条河流分别发源于昆仑山的东南角、东北角、西北角和西南角，虽然流向各不相同，但总体遵循一种奇异的规律，那就是西边的河向东流，东边的河向西流，而几乎所有的河流最终都归向南方入海。

按《海内西经》中的记载，还有一种"六水模式"，比四水模式多出两条河流，分别是黑水与青水。这两条河分别源自昆仑山的西北角和西南角，也遵循南方入海的原则。

发现了吗？无论是四水模式还是六水模式，它们的源头都遵循四角对称的规律，刻意围绕着昆仑山，就像是有什么未知的力量提前设计好的一样。

还要注意这些河流的名字，赤水、青水、黑水，黄河在一些古代文献中也被称为白水，那么这里就汇集了赤、青、黑、白四种颜色，即五行中代表四个方向的对应颜色。

再来看它们源头的方位，是否也暗示了它们与五行的关系？

黑水，出自昆仑西北隅，对应北方，黑色。

赤水，出自昆仑东南隅，对应南方，红色。

青水出自西南隅，而河水出自东北隅，看似与他们代表的东、西两个方向相反，但此前我们引用的晋代《博物志》中有"左滨海，右通流沙"的描述，可见那时的人们并不是按左西右东的习惯表达方向，而是左东右西，即以人仰望天空时所见之东西南北的感受为准，这也是"左青龙右白虎"的来历。所以说青水在左，白水在右，或许是这种习惯的延续。

这些河流最终都流向南方，虽然海洋才是它们的最终归宿，但在昆仑山的南边，有一个从极之渊，也叫作昆仑南渊，那是一处极为重要的地方，能将这些水流所代表的五行体系补充完整。

黄泉

水系与五行

从极之渊，深三百仞，维冰夷恒都焉。冰夷人面，乘两龙。一曰忠极之渊。

——《山海经·海内北经》

从极之渊又叫作忠极之渊，这里是冰夷神居住的地方。

所谓从极、忠极，实际上都是"中级"的异写，《山海经》里多次提过有关方位的极点，例如大荒中的鞠陵于天之山，又名东极；北方有天柜之山，冠以北极；描写应龙时也提到它所处的方位正是南极。

这些极点的含义不同于我们在地理上认识的极点，这里的东极、南极、北极，更可能是指大荒世界的最东方、最南方、最北方，这就将人们对世界全貌的想象收拢在天圆地方的框架之下。而中级，也就是世界的正中央。

昆仑山下的从极之渊是世界的中级，这和"昆仑为天地之中"的说法本质上是一个意思。

另外，从极之渊乃是冰夷的府邸，冰夷也可写作无夷、冯夷，正是黄河之神河伯的名字。虽说"水不在深，有龙则灵"，但在古人看来，大江大河、飞泉深潭更像是神仙的创造，从而崇拜并祭祀它们。从极之渊深三百仞，如果属实，按照今天的标准约有 500 米深，绝对称得上深潭水域，即便是当今的潜水员带上氧气瓶也无法到达这样的深度极限。这样的深潭足以勾起人们的敬畏之情，同时也会想象其中一定潜藏着水怪或神灵。

《山海经》中记录的神，通常是半人半兽，或是多种动物的拼合体。有关冰夷神的描写不多，仅说他长着一张人脸，言下之意，他的身躯应当不同于人，但具体是什么动物就不得而知了。

冰夷神的另一个特征是驾着两条龙，这在《山海经》记录的神明之中也不少见，其中就有与方位相关的神，例如南方之神祝融，"兽身人面，乘两龙"；西方之神蓐收，"左耳有蛇，乘两龙"；东方之神句芒，"鸟身人面，乘两龙"；唯一一个画风不同的是北方之神禺彊，他的形象是"人面鸟身，珥两青蛇，践两青蛇"。

把冰夷放到这四方神当中一点儿也不违和，正好形成了五方神的体系。据此可以推知，冰夷就是一尊人面兽身、脚下踏着两条龙的中央之神。

方向：日落桃林

昆仑山下的水流虽多，但不像弱水那般特别，后羿扎起一只简单的木筏，很快就渡了过去。

渡过从极之渊的时候，水面平如镜面，没有一丝涟漪。后羿不敢出声，生怕惊动了百仞以下的冰夷神，要是他搅起万丈波澜，一定会掀翻木筏，让冰冷刺骨的潭水吞没擅闯昆仑之人的凡躯。

后羿倒不怕水神施展法术，只是不想耽搁行程，所幸一路风平浪静，什么也没有发生。

上岸之后，他已经到达昆仑山脚下，却还未能开始攀登。因为这里有一大片桃花林，绵延三百多里，稍有不慎就会迷失其中，找不到前进的道路。

昆仑虚南所，有氾林方三百里。

——《山海经·海内北经》

昆仑山下的桃林是一处地标，来自一个我们非常熟悉的神话故事。

夸父是一个巨人，他一路追赶太阳，因为干渴难耐，竟喝干了黄河与渭河的水，仍嫌不足，向北寻找大泽的水源来解渴，但最终未能到达，渴死在路途中。他的手杖化为"邓林"，也就是昆仑山下的三百里桃林。

桃树在神话里具有特殊的功能，可以驱邪避恶、降服妖鬼。究其源头，可能源自度朔山的大桃树。

传说东海中有一座度朔山，山上长出了一株巨大的桃树，枝叶如蟠虬伸展，足以遮蔽三千里的海面。在树下有两位神人，名为神荼、郁垒，身边还跟着一只老虎。他们面对着东北方的鬼门关，负责管理与审核出入的鬼怪，遇到恶鬼，便用芦苇编成的绳索捆住它，喂给老虎吃。因为神荼、郁垒、老虎都有御鬼的神力，后来的人们便在门口放置桃人，或在桃木板上画出神人、老虎的模样，用于避邪禳灾，这就是桃符的来历。《元日》这首诗中的最后一

度朔山

句"总把新桃换旧符"说的就是桃符，后来逐渐被现在人们熟知的门神画取代。

难道桃木辟邪的能力是来自神荼和郁垒吗？实则不然，桃木本身具有重大的文化意义，其中最重要的是它与太阳的关联。

首先，桃花是春季到来的标志，意味着它可以指示太阳运行的规律，是天然的日历。《礼记·月令》说"惊蛰之日，桃始华"，《四民月令》又言"三月桃花盛，农人候时而种也"。这就表明，桃花的盛开给农业社会提供了很重要的信号——可以开始播种了。

我国古代是农业社会，与农业关系越是密切的事物，越能产生神奇的故事与传说，它的地位也越发崇高，桃树就是其中之一。古代许多占卜类的书都写道，如果桃树没能按时开花，就会发生不好的事情。可见古人有多么看重桃树。

其次，桃花很可能被视为太阳的一种化身。《诗经》中这样形容桃花："桃之夭夭，灼灼其华。"盛开的桃花像火焰一样，象征着光明、热烈、神圣的力量。《金楼子》所记录的神荼郁垒传说中，把"度朔山"称为"桃都山"，而且每当日出时分，阳光照到桃树上，那里栖息的一只天鸡便鸣叫起来，随即世上众鸡皆鸣，天下大白。由此可见，桃树即日出之地的标志。

夸父的手杖为什么要化为桃林？这也是一种标志，告诉人们这是日落之地，也是日出之地。

在《山海经》中，夸父逐日的故事有两个版本，一个收录在《海外北经》中，就是上文所述的故事；另一个在《大荒北经》中，原文如下：

"夸父不量力，欲追日景，逮之于禺谷。将饮河而不足也，将走大泽，未至，死于此。"

桃
阳

这段故事中的夸父，其实已经追上了太阳，"禺谷"也就是虞渊，是日落月升之地。北方的"大泽"，是群鸟解羽的地方，也叫作"羽渊"，二者本来是同一个意象，代表着日落处，也是太阳死亡的地方。

夸父沿着太阳升起、运行、落下的轨迹一路跟随，到了禺谷，也就会随着太阳一起"死亡"。他的手杖化成的桃林，则是在暗示，太阳还会重生，正如生命的循环一般。

攀登：三级阶梯

后羿瞻仰一番夸父倒下后化成的山石，又敬又叹。夸父与他一样，都在追寻遥不可及的事物。此路虽然漫长，且充满劫难，稍有不慎便会死于半途，但他们都怀有"虽九死而犹未悔"的志向，只肯奋力向前，绝不后退一步。

三百里桃林没能让后羿迷失方向，他很快走出了那里，没了艳丽桃花的遮挡，昆仑山近在眼前，接下来就要真正开始攀登了。

昆仑山号称"天柱"，也是通天的神梯，自下往上看，怪石林立、花木繁茂，山体呈现层级向上的特征，将这条通天之路划分成几个"台阶"，需要后羿拾级而上，逐一征服。

八隅之岩

在八隅之岩，赤水之际，非仁羿莫能上冈之岩。

——《山海经·海内西经》

第一重台阶是八隅之岩，位于赤水岸边，山石高耸。

八隅之岩的"岩"字除了有山崖、岩石的意思外，还可表示险峻。既然高峻难攀，又在水边，上无藤梯可缘，下有湍急水流，令人不禁想到《蜀道难》中的那句"上有六龙回日之高标，下有冲波逆折之回川"。

岩石，本身就是古人尊崇的对象。早在石器时代，人类依赖石头制作的工具进行生产，自然而然地相信石头里隐藏着神奇的力量，甚至能够孕育生命，于是诞生了许多"石生"神话，其影响流传数千年，《西游记》里的天生石猴孙悟空便是这类神话的延续。后来，人们渐渐将崇拜之情集中到某些特殊的石头上，比如巨大的岩石、形状像人或动物的石头以及颜色出众、光彩夺目的玉石、宝石等。再后来，人们开始在石头上雕刻神像，画上符号，有意地装饰或塑造他们的崇拜对象。

八隅之岩的"隅"字，本义是有遮蔽的山角、城郭，后来多解释为角落。八隅就是八角，代表其形状，只是不能确切描述，或许是一块八角巨石，又或许是八块分列各方的岩石组合而成。

八隅令人联想到古人对地域空间的认知模式，也就是"八方"。《淮南子》在描述九州之后，目光不断向九州之外延伸，先是"八殥"，再到"八纮"，最后是"八极"，代表在各个方向上所能到达的极限。

岩石造就的高台，本身就有居高临下的神圣意味，受到人们的崇拜，同时又模拟了世界八方的形态，无疑在表达某种更为神圣的寓意。刘宗迪在其著作《失落的天书》中做了分析，他认为昆仑实际上是一种建筑，"八隅"意为八个直角，在平面上呈十字形，八隅之岩并不是真正的岩石，而是一座祭台的基座，这祭台就是古文献中经常提到的明堂。

明堂是从古代的祭天灵台演变而来的一种仪式性建筑，据说有许多讲究，如上圆下方、八窗、九室、三十六户、七十二牖，都要与天、地、气象和星象相符，外围还有水流环绕，制造出被海水隔绝的效果。

不得不说，明堂的许多描述的确与昆仑山不谋而合，昆仑山的功能之一便是通天祭天的神坛，但明堂是完完全全的人工造物，而昆仑山则在许多方面表现出自然风貌。想来最初的神圣祭坛应是自然与人为相结合的产物，只是随着时间的演进，人工的比重越来越大，最终人们只能在城墙之内仿制自然的山川，这才产生了明堂。

八隅之岩可以是鬼斧神工造就的自然山崖，也可能具有通天祭台的神圣功能，在《山海经》中，唯有巫与王能够沿着神山自由上下于天，而上古之时的巫与王的身份又往往集于一人，因此其中的代表人物，东方的夷王后羿就成了登上山冈的标准。

岩石崇拜

面有九门，门有开明兽守之，百神之所在。

——《山海经·海内西经》

八隅之岩上方的第二重台阶，有九扇大门，由开明神兽守卫，门中通往百神居住的地方。

对于九门，有人解读为山体的每一面都有九道门，昆仑山"为虚四方"，所以共有三十六道门；也有人认为一共只有九道门，分布在不同的方向，因为昆仑虚是一座城池，古代的城墙四四方方，东西北各有两道门，而南方多一道正门，象征坐北朝南的至高地位。

《淮南子》将这九门的数量增加到了四百四十道，每道门之间相隔四里地，门本身宽九纯，一纯是一丈五尺。想象一下，四百多道十多丈宽的大门重重叠叠地分布在昆仑山的山体上，这是何等壮观的景象，大概只能在科幻电影中才能看到。

和数字"三"一样，这里的"九"也有可能是虚词，表示很多。这些数不清的山门在古人的概念中统称为"天门"，通天之门，也是成仙之门。

《离骚》有云："吾令帝阍开关兮，倚阊阖而望予。"阊阖，就是指天门。早在秦汉时期，盛行神仙之说，人们相信西方有神山，上可通天，先将阊阖定为昆仑虚的大门，后来又认定它是紫微宫的宫门。紫微宫也就是紫微垣，其中居住着"太帝"，即北极星，人们称其为北辰、太一或太乙。昆仑山的最高层是"太帝之居"，显然，阊阖门就是天上星宫的入口了，通过昆仑阊阖，就能达天上世界，在古人看来，这就是成仙了。

但在《山海经》中，天门可不是供凡人登仙的捷径，而是日月星辰出入的地方。书中记载，许多山脉具备"日月出入"的特征，其中还有山名为"吴姬天门"或是"丰沮玉门"，可见天门不止一处。

除了日月天体，自然界的风也是通过天门出入的。《淮南子》云："维其西北之隅，北门开以内不周之风。"昆仑山上的大门均闭合，唯有西北角上的北门敞开着，将不周之风纳入门中。

什么是不周之风呢？

最初，人们认为九州是他们生活的全部地方，后来又发现它只是世界的一小部分。九州之外，还有"八殥"，指八处大泽，它们包围着九州。八殥之外又有"八纮"，是八个方向上的各种"海外方国"，代表着九州海外的异域远方。而八纮之外，还有"八极"，应当是世界的尽头了，这八极也被称为"八门"，是八方风的来处，不同方向吹来的风能够调节气候，分辨季节。西北之极就是不周山，因而西北风也就是不周之风。

"八纮之外，乃有八极。自东北方曰方土之山，曰苍门；东方曰东极之山，曰开明之门；东南方曰波母之山，曰阳门；南方曰南极之山，曰暑门；西南方曰编驹之山，曰白门；西方曰西极之山，曰阊阖之门；西北方曰不周之山，曰幽都之门；北方曰北极之山，曰寒门。凡八极之云，是雨天下；八门

之风，是节寒暑；八纮八殥、八泽之云，以雨九州而和中土。"

——《淮南子·地形训》

不周山的名声十分响亮，传说水神共工穷途之际曾一头撞向此山，导致山体崩裂，造成了严重的后果。《淮南子》形容为"天柱折，地维绝"，从此日月星辰倒向西北，百川之水归于东南，不周山也是因此得名。"不周"的意思是不合、分裂，据此可以想象残存山体的样子。或许正是因为不周山已断，幽都之门无法闭合，才令昆仑山对应此处的天门随之敞开。

另有一种说法，不周风也代表时节，是冬季来临的标志。《月令》说冬季的成因是天地不通，阴阳二气无法接触，这也是一种"不周"的情况。而与不周山对应的幽都之门，一直以来都是北方、幽暗、寒冷的代名词，甚至地下的幽冥世界也叫作幽都。

《史记·律书》言"不周风居西北，主杀生"，昆仑山开门纳入的是肃杀的寒风，这是否意味着，代表永恒的神山同时也是一处死亡之地。日月星辰沉入天门，代表它们短暂的"死亡"，需经过漫长的黑夜方能获得新生；一年时光轮转到秋尽，便要进入冬日的凋零与沉寂；而人一旦走进天门，就意味着告别过去，如同凤凰涅槃，脱胎换骨，才能成为一个全新的生命体。

九门

九井瑶池

海内昆仑之虚……面有九井，以玉为槛。

——《山海经·海内西经》

穿过九门，便能见到九口深井，用玉石雕琢为栏杆。

既然有井水，就一定有人家——不，应是仙人之家。

《淮南子》曰，阊阖门内就是昆仑疏圃，疏圃中有池水，与黄泉相通，黄泉之水轮回三周后，形成了丹水（一说白水），饮之不死。九井便是疏圃之池，它还有一个好听的名字——瑶池。

《禹本纪》记载："昆仑其高二千五百余里，日月所相避隐为光明也。其上有醴泉、瑶池。"醴泉意为甘甜的泉水，饮之能令人长寿，庄子笔下的鹓鶵非醴泉不饮，足见此泉的神奇。瑶池与醴泉并列，一定有不输它的神话传奇。

对大多数人来说，最能被瑶池二字勾起的记忆是孙悟空曾搅乱王母娘娘的瑶池盛会，偷吃了仙桃琼浆，所以瑶池必定是王母娘娘的后花园，其场景也如影视、动画所呈现的那样，仙气飘飘，瑞霭浮散，隐约显现雕栏玉砌的模样。

瑶池与西王母的联系，最早出自《穆天子传》，西周时期，周穆王曾西行到达王母之邦，谒见国君西王母。二人在瑶池上对饮，相谈甚欢，此后瑶池便成了神话小说里常见的宴会场所。

"瑶"字本意是美玉，昆仑山原是玉石之乡，……中是有水有玉的地方。或许瑶池就是天池，是高山……中多玉，或者水面平静碧绿，像

是一块美玉，因而得名。

又或者，瑶池本身就是一块玉石。在古人的想象中，玉可以是柔软的，像水一样流动。《山海经》里记载有一种峚山玉膏，似沸腾的水一般从山中涌出，传说黄帝经常服食这种玉膏，后来乘龙升天，变成了神仙。而经过玉膏灌溉的丹木还能开出五色花，结五味果。所以瑶池也可以既保持水的形态，又兼具玉的质地。

醴泉、瑶池、蟠桃、琼浆，它们都是从昆仑九井分化而来的意象，也都有长生不死的效用，共同构成了一个令人迷离沉醉的神仙世界。

后羿止步于九井一侧，这一路他已领略了无数神秀的天然造物，行到此处，不禁回头望了一眼自己来时的道路。

他站立的位置足够高，可以放眼远望，将昆仑山周围的一切景物尽收眼底。昆仑山不是孤山一座，而是涵盖了广阔地域的一方世界，我们耳熟能详的神话故事散落其间。仅是昆仑本部，就有后羿战凿齿、六巫活窫窳、大禹凿增城等传说。

这里就像一幅展开的山水画卷，昆仑山在中央，其东有崇吾之山、不周之山、峚山、钟山、槐江之山等；其西则有轩辕之丘、玉山、天山、三危之山等，顾颉刚将这里定义为"昆仑区"。许多后羿未及领略的天神、奇异生物与传说故事，都隐藏在这些山川之间，等待着人们探知。

后羿攀登昆仑山，只为了面见西王母，求得长生不死的神药，如今寓意着永恒的瑶池就在面前，他的旅途即将圆满。但他并未登顶，比瑶池更高的地方，还有怎样的玄奇景致呢？

自下而上，所见景物由完全的自然造物慢慢过渡到人工建造的玉石建筑，到九井为止，我们已经完成了跨越原始、天然之地的旅程，即将进入穷尽数千年人类想象的天上世界。

瑶池

·六三·

循环迷宫：昆仑区

·第三章·

天上宫阙
昆仑之虚

不同于昆仑之丘，昆仑之虚指的是昆仑山顶部的建筑。

虚是通假字，在今天写作『墟』，表示人们居住的地方或居住后的遗址，例如『殷墟』『废墟』。《红楼梦》里香菱学诗时曾引用王维的一句诗：『渡头余落日，墟里上孤烟。』——此处的『墟里』就是指村庄。

昆仑山有『为虚四方』的描写，一座大山怎么可能是四四方方的呢？如果把『虚』看作是城、聚落就很容易理解了，我国古代营建的大城总是四四方方，显得极为庄严肃穆。昆仑山又是『帝之下都』『太帝之居』，若要类比，就像今天我们看到的紫禁城，既华美又尊贵。这样高居山巅，远离凡尘的宫殿，唯有神仙才能居住在其中。

神魔小说《封神演义》中，阐教弟子姜子牙在昆仑山上的玉虚宫学艺四十年，回到人间襄助武王伐纣，成就了一番功业。每每遇到无法解决的困难，他便驾云回到昆仑山，向他的师父元始天尊求助。

既然姜子牙对昆仑山上的仙宫这般熟悉，我们就以他的视角继续向上攀登，游览昆仑山顶的天上宫阙吧！

聚仙：五城十二楼

在小说《封神演义》中，姜子牙要上昆仑山，多是驾着遁术，或是由坐骑四不相载着他飞上山巅，所以他第一眼所见，必是以俯瞰角度，将昆仑山气势恢宏的全景收入眼底。但他并不会直接降落到山顶，而是依照规矩停留在麒麟崖下，这就类似于寺庙的山门，或宅院的照壁，访客可以在此等候通传接见。

昆仑山顶云雾缭绕之处，掩映着重重楼阁，光华四射。姜子牙翻下坐骑，恭敬地沿着玉阶向上走去……

在我们的印象里，任何山都是下宽上窄，顶端尖尖，就算有建筑，必定是围绕山体修建，怎能铺成一座拥有四方城墙的大城呢？

但昆仑山与众不同，它的山顶不仅平坦，而且十分广阔。

《云笈七签》所描写的昆仑山位于"西海戍地，北海之亥地"，这是天下正中的位置，山体由一正一反两个方锥相对而成，上下两头宽阔平整，而中间连接处十分狭窄，看上去并不稳固。因此昆仑山的东南、西北、东北、西南四个方向分别有"积石圃""北户之室""大活之井""承渊之谷"四座大山作为支撑。

位于上方的三角山，因为"面方，广万里，形如偃盆，下狭上广"，也叫作"昆仑三角"。从侧面看上去是一个倒三角形，但俯视图是一个边长万里的正方形，它的每一角都有对应的方向和事物。其中，正西和正东分别是玄圃堂与昆仑宫；另有一角正对北辰，叫作阆风巅；于是剩下的一角应指向正南方，那里金光遍地，矗立着一座天墉城。

如此形貌的高山，在自然世界可以说是找不到的，上面的仙城神宫，同样虚无缥缈。不过我们可以找到此山形状的源头，那就是须弥山。

在我们日常生活中，经常可以在石刻、神龛、建筑台基当中看到一种两头宽大、中间束腰的底座类型，被统称为"须弥座",其原型就是印度神话中的须弥山,它代表了世界的中心,也是万千神佛聚集之处。将佛像、支柱、庙宇、宫殿等安放在须弥座上,既显示其无比神圣的地位,又包含了永久稳固的寓意。随着佛教思想的传入,须弥山和昆仑山的概念发生了融合,便出现了如今既像沙漏、又分层级的昆仑山,或许这种昆仑山也是一类基座,托着苍茫的天穹,正如人们一直传说的昆仑天柱那般。

几千年以来,人们相信昆仑山上通天界,云层之上隐藏着琼楼玉宇,就如诗仙李白所吟诗句描写的那样——"天上白玉京,十二楼五城"。在许多传说故事中,都有天宫神殿、昆仑庙宇的记录,如《神异经》《十洲记》等,说昆仑山上有琼华之室、昆仑宫上耸立十二玉楼等等。《太平广记》引《集仙录》中描述西王母所居住的宫室是"昆仑之圃,阆风之苑。有城千里、玉楼十二,琼华之阙、光碧之堂、九层玄室、紫翠丹房。左带瑶池、右环翠水",可谓是金碧辉煌、气象万千。

楼是指两层以上的房屋,是日常生活中最常见的建筑形态之一。和现在的楼房不同,古代的楼并不用于居住,而是社交场所。人们在楼上居高临下地欣赏美景、吟诗作画、宴请宾客。岳阳楼、黄鹤楼、滕王阁等都是天下闻名的楼宇。《封神演义》中的商纣王荒淫无度,劳民伤财地建起了摘星楼,最后又在楼里揽着财宝自焚。可以说,高大气派的楼阁是上层社会的标准配置。

更古老的时候,楼还有另一种用途,那就是通神。

据《史记》记载,昆仑山上有五城十二楼,为黄帝所造,用于邀请天上的神人降临,称为"迎年"。这是方士们讲给汉武帝听的,汉武帝听后,便下令按照同样的规格建造楼台,取名为"明年"。后来又有一些人把汉武帝设立的神明台、井干楼与五城十二楼联系起来,这些楼台有五十丈高,还有空中道路相连,其作用都是寻求神仙的踪迹。

后来,五城十二楼就成了神明居所的代名词,不再是人间君王为了求仙问道所搭建的"请神台"。演变到《云笈七签》所记载的昆仑山上,只剩下一座城池,名为"天墉城",而城上设立了五座金台,十二座玉楼,这正是五城十二楼的遗风。城中亭台楼阁交相辉映,蕴藏着无数奇观秘宝,云蒸霞蔚,光华四照,这里正是西王母治下,众多仙官居住的地方。

敬神：五座金台

　　姜子牙沿着玉阶慢慢向上走着，他此行的终点就在山顶那闪耀金光的楼台之上。山路两边芳草萋萋，散落着不少碎裂的石块，依稀能看出上面古旧的刻纹，似乎来自什么古老的建筑物。

　　小说中的昆仑山有三座宝殿，分别是元始天尊的玉虚宫、通天教主的碧游宫和太上老君的八景宫，这三处汇集了阐教、截教门下的金仙真人，他们在那场封神之战中展示了无数道术法宝，真可谓精彩绝伦、各有千秋。

　　这些仙人云集的宫殿，原型来自远古神话，就如姜子牙登山时所见荒废破旧的建筑，那是上古神王时代所遗留的祭台，也是天墉城五座金台的源头。

众帝之台

台，平而高的建筑物，人站在上面可以远望四方。唐代诗人陈子昂登上幽州古台时便赋诗一首："前不见古人，后不见来者，念天地之悠悠，独怆然而涕下。"天地尽收眼中，意境多么辽阔深远。

从考古研究角度看，古时候的人喜欢居住在位置较高的地方，如果整体环境是平原或洼地，那就用土堆垒成一处高地，在上面建造房屋。一般来说，住得越高，越有身份。五千多年前良渚古城的宫殿就是建造在人工堆成的台地上面，国王站在台地上，可以将整座古城的一切景象尽收眼底。

所以台不单单是建筑，更有象征身份的功能。当年周文王想要举起反商伐纣的大旗，就先修建了一座灵台，用于祭天受命，告知民众自己获得了上天的启示，要让他代替商纣王成为天子。

这样领受天命的帝台，我们在《山海经》里也能找到不少，例如：

> 帝尧台、帝喾台、帝丹朱台、帝舜台，各二台，台四方，在昆仑东北。
>
> ——《山海经·海内北经》

这里提到的帝喾、尧、舜都是史书上有记载的上古贤君，位列三皇五帝之中，被历朝历代的文人传颂。而帝丹朱却闻所未闻，他似乎并不属于帝王的行列。他是谁？又凭什么享受帝王的待遇呢？一不小心，我们可能揭开了远古时代的一段秘闻。

丹朱的故事得从他父亲说起，他的父亲就是尧，按照封建帝王的传统做法，丹朱是妥妥的王位继承

人。可是尧所在的时代还不是封建王朝，而是原始的部落联盟，联盟首领的继承规则是禅让制，其依据是候选者的品德与才能，并不是血统。

那么丹朱的品德与才能如何呢？据《史记》记载，尧的臣子曾建议他将帝位传给丹朱，但尧认为丹朱性情凶顽，不堪大用，而后禅让给了舜。舜是古代贤君颛顼的后代，才德兼备，尤其坚守孝悌之道。他接受禅让以后，便开始代理天子之职，巡视天下、祭祀诸神、整合历法、规范刑罚，做了不少好事，天下人都称颂他的功绩。不仅如此，舜还驱赶"四凶"——混沌、穷奇、梼杌、饕餮，他们都出自名门望族，却凶残成性、为非作歹。舜把他们举族迁往边远之地，为的是让他们抵御螭魅妖魔。帝尧的臣子之中，驩兜、共工、鲧皆有过错，江淮一带又有三苗作乱，舜也将他们流放至四方，以威服四夷，变其风俗，终于令天下归服。

史书还说，舜曾表示要将王位还给丹朱，可是百姓不买账，他们根本不理睬丹朱，还是推举舜为王。正统史家的结论是：丹朱因不够贤明，失去了继位的资格。但是在另一些古代文献中却出现了一个与史书完全相反的版本。

《竹书纪年》记载："昔尧德衰，为舜所囚也。"舜不仅囚禁帝尧，而且阻挠丹朱来见他的父亲。《韩非子》中也记录过一种说法："舜逼尧，禹逼舜，汤放桀，武王伐纣，此四王者，人臣而弑其君者也。"这说明，至少在战国时代便有人质疑禅让制的真实性，反而认为舜、禹的帝位都是通过篡夺得来的。

史书中丹朱的结局有几种记录，有的说他受封

为诸侯，有的说他被放逐到了边疆。《太平御览》引《尚书·逸篇》记载："尧子不肖，舜使居丹渊为诸侯，故号曰丹朱。"丹渊也就是丹水，《吕氏春秋》有云："尧有丹水之战，以服南蛮。"说明丹水位于南方，这就把丹朱的结局串联起来了。他顶着一个诸侯的头衔，实际上被放逐到了南蛮之地。

《山海经》中还记录了丹朱的陵墓位于苍梧之山北坡，而帝舜就葬在南坡。传说帝舜是南巡时死于苍梧之野，葬于九嶷山，由此可见丹朱所在的丹水属于江汉流域，也就是我们今天的湖南湖北一带。

到此我们大致了解了丹朱的身份与结局，但这还不能解释他"帝丹朱"的称号与以他为名的高台。丹朱能够与帝喾、帝尧、帝舜并称，也许并不是因为"帝王"这个身份，"帝丹朱"的"帝"字或许另有他解。

众帝之台

丹朱其神

丹朱不仅是个历史人物，也是一个神话人物。《国语》中就有丹朱之神附身房后，使之生下了周穆王的故事。

历史人物拥有神话属性并不是一件奇怪的事情，我们的祖先都是一步步走出蒙昧，进入理性阶段，但直到今天还有很多未解之谜被归入奇谈怪论的范畴，更别说几千年前的人们并没有唯物主义的思维，很容易用神和怪去理解真实的生活。

我们之所以把上古史的范畴称为"神话时代"，正是因为这段历史中掺杂着神话，而神话中又透露出历史，袁珂曾将这种情况概括为"神下地，人上天"，意思是古人既会把代表自然力量的神进行人格化，也会把一些特殊的人塑造成神灵。帝喾、尧、舜包括丹朱，都不只作为人类存在，还兼任天神的职责，甚至衍生出神的家族来。比如尧的两个女儿，即舜之二妃娥皇女英，就是湘水之神。舜也有两个女儿，一个叫作烛光，一个叫作宵明，她们能带来光明，传说"二女之灵"可以光照百里。

然后我们再来看"帝丹朱"的"帝"字，为什么不单用丹朱的名字，前面要加上帝字呢？

显然，这个帝字不是指帝王，而是指天神。《山海经》里凡单独出现的"帝"，一般认为是指天帝，代表地位最高的天神。而在尧、舜或丹朱的名字前面冠以"帝"字，也应当是在彰显他们作为神的身份。

这种表达习惯可能来源于殷商的祭祀习俗，甲骨卜辞显示，商人在问卜的时候，会把在世的商王称为"王"，而已经去世了的商王称为"帝"。在他们看来，逝去的祖先都变成了神，拥有超自然的

力量，既能保佑子孙，也可能降下灾难，因此要常常祭祀，让祖先之灵感到满足平静，就不会作恶了。

既然丹朱是神，他又是什么样的神呢？

其实，丹朱还有一个名字，叫作驩兜（也写作欢兜、灌头、讙朱等），同时也是一种神鸟。顾颉刚在《尚书校释译论》中就认为丹朱的本体是一种神鸟，叫作"离朱"或"鴸"。据《山海经·南山经》记载，鴸这种鸟外形似鸱鸺，脚爪长得像人的手，叫声就像在呼唤自己的名字，一旦它出现，就预示着县里的士将遭受放逐。

鴸所在的柜山多产丹粟，也就是丹砂，英水从山上流下，汇入赤水当中。这个赤水很有可能就是丹朱被放逐之地——丹水。传说他曾在这里举起反旗，但遭到中原王朝的镇压，随后他兵败南逃，跑到了南海边。也有另一种说法，驩兜与共工结党，从而获罪，被舜放逐到崇山，以改变南蛮的风俗。

最终，南海边出现了一个神奇的国家——灌头国，在《山海经》《博物志》中均有记载，那里的人都是"人面有翼，鸟喙，方捕鱼""人面鸟口""尽似仙人"。这就是丹朱族人最后的模样。

今天有许多学者相信驩兜是当时被称为"南蛮"的部族领袖甚至是部落图腾，这个部族很可能是以蚩尤为首领的九黎族南迁之后，在江汉一带形成的。尧征南蛮、舜伐三苗，所指的都是这个部族。后来他们被称为荆蛮、淮夷，创造出独特的文化传统——楚文化。春秋战国时期，楚人曾自称"蛮夷"，崇尚凤鸟作为图腾，而且自认祖先是颛顼。屈原的《离骚》第一句就是"帝高阳之苗裔兮"，高阳即

颛顼之帝号。

《山海经》里记录，驩兜是颛顼的后裔，又与鲧有亲缘关系，他的父亲名叫"炎融"，既可能是尧的别称，又可能代表了火神祝融。而驩兜的形象是半人半鸟，生活在南方，都与火神、凤鸟崇拜存在着莫大的关联。

火是凤鸟的本源，对凤图腾的崇拜就是从对火、光明、太阳的崇拜逐渐演化而来的。驩兜既然是丹朱的异写，丹、朱二字皆可代指红色，似乎揭示了他与阳焰的关系，而且《山海经·南山经》中记录了名为"凤皇"的神鸟，其生活地正是"丹穴之山"。因此我们可以简单地把丹朱看作凤图腾的化身，其本质上的神格是太阳神。

巧合的是，帝喾、帝尧、帝舜都具备太阳神的特征。即便丹朱不曾担任过天子，但在太阳神的身份上，他与前三者是一样的。

《左传》中有一句话："神不歆非类，民不祀非族。"意思是神灵不会接受别族进献的贡品，百姓也不会祭祀宗族之外的人。这里的"神"所代表的是祖先之灵，某种程度上也解释了上古人物的人神双重属性；也是出于这个原因，《国语》里记录，周惠王命人祭祀丹朱神时，需要带上丹朱的狸姓后人们。

要祭祀先祖神灵，就需要专门的祭祀场所。现今的人们可能对宗祠、祠堂比较熟悉，但在古代，需要去往专门的高台举行祭典。祀神的高台也称作神坛，起初都建于室外的平地上，后来亦设在庙堂内。说到这里，我们终于回归正题。《山海经》中的帝尧台、帝喾台、帝丹朱台、帝舜台，实际上是用于祭祀四位祖先之神的祭坛。

丹朱之神

共工之台

昆仑山上有五座金台，除帝喾、帝尧、帝舜、帝丹朱的四组帝台外，尚缺一位。于是，共工之台便进入了登山者的视野。

共工之台，形状四四方方，与众帝之台类似，但是其四角各盘着一条蛇，蛇身上的花纹一如斑斓猛虎，蛇头则都冲着南方。顾名思义，共工之台是建来祭祀水神共工的，那么他会是第五位"帝"吗？

共工，又称共工氏，是中国古代神话中的水神，能掌控洪水。共工素来与颛顼不合，他们之间爆发了一场惊天动地的大战，共工因战败气愤不已，怒撞不周山，导致天塌地陷，洪水泛滥，我国西北高、东南低的地势就是共工造成的。看来这个共工是个反面角色啊，应该和帝喾他们画风不同，不能划分为同一阵营。

事实的确如此。共工的身份不止神明一重，史书中的他有多种形象，例如，在《尚书·尧典》《史记》里，他是帝尧的臣子，位高权重，还一度被推举为尧的继承人；在《左传》里，他又被推到了太皞、颛顼之前，成为炎黄之后的一位首领，因"以水纪"被认为是"水师"；到了《国语》中，又成了荒淫无道、兴风作浪的亡国之君。

不过绝大多数情况下，共工作为首领、君王的形象都不太光辉。从世袭上看，《山海经》虽说共工是炎帝的后裔，但他的神格不像炎帝那样与太阳、光明相联结，而是属水、属阴，与代表太阳的丹朱也截然不同。最明显的是，共工的名号前面可没有"帝"字啊。那么共工之台为何会矗立在众帝之台周边呢？

共工之台位于系昆之山，在昆仑北部，与众帝之台的位置一致。但共工之台的西面盘踞着相柳，那是一个九头蛇身的怪兽，传说它所到之处，地面就变成沼泽。大禹治水时杀死了相柳，它的血污染了土地，无法再种植五谷，还常常出现洪涝灾害。大禹多次试图用土填埋，却不断塌陷，无可奈何之下，他只能下令挖出这些泥土，将此地修建成一个大池，又用挖出来的土建造了昆仑山北部的众帝之台。

既然众帝之台是大禹所建，而他与共工乃是敌人，又诛杀了作为"共工之臣"的相柳，《山海经》中也有"禹攻共工国山"，显然大禹是不会像供奉五帝那样尊奉共工的。但就如同黄帝击败蚩尤后用其画像震慑余部、威服天下一般，大禹战胜了共工，也需要建造一座高台，昭告天下，用于威慑如相柳一样的"共工之臣"。

共工之台

共工之台不是帝台，可昆仑山上似乎也没有别的帝台了。其实，还有一位闻名古今的"帝"在《山海经》中经常出现，只是他的祭台无法从文字间找到，需要运用一些推理手段，因为其名称用的不是"台"，而是"丘"。

我们可以对比以下两段描述：

不敢北射，畏共工之台。台在其东。台四方，隅有一蛇，虎色，首冲南方。

——《山海经·海外北经》

穷山在其北，不敢西射，畏轩辕之丘。在轩辕国北。其丘方，四蛇相绕。

——《山海经·海外西经》

共工之台是一座四方台，每角设一条蛇，轩辕之丘也是四方形，有四条蛇环绕。共工之台和轩辕之丘的形制应该是差不多的，换言之，轩辕之丘就是轩辕之台。《山海经·大荒西经》写道："有轩辕之台，射者不敢西向射，畏轩辕之台。"与共工台的特性描写简直是复制粘贴，一模一样。

没错，这个轩辕之丘代表的古神正是黄帝，他被认为是华夏文明的始祖之一，也是最能代表神话时代的一位帝王，如今我们自称"炎黄子孙"，足见黄帝的地位。《山海经》中记录了许多有关黄帝的事迹，如祭祀钟山、击败蚩尤、子孙开创方国等，其中弥漫着浓郁的神话色彩，也足以从字里行间读出当时人们对黄帝的推崇。

黄帝有"帝"字，具备了君王与神明的双重身份，那他和太阳神有联系吗？

说到"三皇五帝"，一般指代神话时代的多位圣君，历史层面的含义多一些，但放到神话范畴内，作为神灵信仰的"五方天帝"则是春秋战国时期才兴起的。这种信仰的本质是五行学说，任何事物都可以划分为五种属性，于是将五个方向、五种颜色与五种元素关联起来，形成了五方天帝。比如东方天帝是青帝，属木；西方天帝为白帝，属金；而黄帝代表土，是中央天帝。

但细究起来，黄帝身上的元素似乎不只是五行属土这么简单。天上有一个星座，名字也叫轩辕，古人认为它主管雷雨气象，因此一些文献提出黄帝其实是"雷雨之神"。神话中的黄帝敲响了夔牛皮制成的鼓，声震五百里，的确和打雷一样。

另外，黄帝又被认为是北斗七星的化身，因为他的母亲在郊外偶然见到闪耀的电光环绕北斗，由此感而受孕，生下了他。在他出生后，又有三颗黄星悬在天际，光华四射，人们认为这是吉兆，果然黄帝当政时有贤德之名，垂拱而治。

其实不论黄帝是主管雷雨还是北斗星，放在古代，这些意象都与历法相关。在我们的二十四节气中，惊蛰到来，"雷声始振"，即春雷一响，万物复苏。而北斗星的转动是古代根据天文计算历法的重要测量对象，所以这二者本质上干的还是保佑人间风调雨顺的活儿。

想要气候和顺，粮食丰收，必须该晴则晴，该雨则雨，无论旱涝都是不好的，那必然也要祭拜太阳。所以也有人提出黄帝的身份是太阳神的化身，因为"黄"字在古代可以与"皇"字通用，有光明、日光的意思。有的文献上说，黄帝有四张面孔，孔子还给他的弟子解释，这只是一种比喻，说黄帝任用四个贤臣，令四方得到治理，所以说"黄帝四面"。其实把黄帝当作神话人物来理解的话，这就一点儿也不奇怪了。所谓四面，就是一年四季中太阳神的不同状态。

这样看来，黄帝的形象是非常正面的，充满光辉，和众帝之台代表的四位古帝画风一致。而且把这五位摆在一起，黄帝、帝喾、帝尧、帝舜、帝丹朱，前四位正好是《史记》所载的五帝之四，而丹朱又是缺席的那位帝颛顼的后代，这难道是一种巧合？

虽然并无轩辕之台位于昆仑山上的记载，但根据相对位置的推测，轩辕之台应位于昆仑山以南，而对于整个《山海经》世界来说，又处于西方。轩辕之台的南边，有一个轩辕之国，那里的人长着蛇的身体，尾巴交缠于头上，寿命长于八百岁，而且以居住在山南坡为吉祥之事。照此推想，轩辕之台或许就是轩辕国的人为了纪念黄帝而建造的，按照他们的习俗，选在昆仑山的南面，与北面的帝喾、帝尧、帝丹朱、帝舜之台，正好组成了五帝之台。

轩辕之台

黄帝之宫

宫，本义是房屋，后引申为宗庙、神庙、学校等意义，秦汉以后专指帝王所居住的房屋。《穆天子传》记载，周穆王西渡黄河，到达昆仑之丘上的黄帝宫，一共走了五十五天。穆天子在瞻仰完黄帝宫之后，于第三天登上昆仑山顶，举行了盛大的祭祖仪式。

所谓的黄帝之宫，会不会就是指轩辕之台呢？

轩辕之台位于西方，人们敬畏黄帝的神威，从此举弓之人不敢朝向西方发箭，享有同样待遇的只有共工之台，其余的帝台似乎没有这般殊荣。而且，帝喾台、帝丹朱台、帝尧台、帝舜台均有两座，轩辕之台却未明言，只记为"台四方"，如果这是指仅有一座，还有一座去哪儿了？

单就祭台的形制来说，有圆形和方形的差别，圆形的被称为圜丘，方形的则是方丘。根据《周礼》的记载，冬至日须在圜丘祭天，夏至日则在泽中方丘祭地，二者象征着天圆地方。圜丘代表高处，用于祭祀天神；方丘在水中，表示低洼处，以应地祇。

帝喾等四位天神的祭台均有两座，有可能是一方一圆的组合。这一方一圆并不一定全部表现在外形的差异上，也是指其功能的不同。"台四方"的轩辕之台似乎只有一座方形土台，但这并不代表它就没有圆台的功能，而是二者在形制和功能上出现了融合。

《山海经·大荒南经》里有一段奇怪的话："有水四方，名曰俊坛。"水为何能呈四方形呢？而且名称是"坛"，而不是某水或某泽。因为这也是祭坛的一种表现形式，所谓方丘，也称"方泽"。古

人认为天在上，祭祀上天要尽可能到达高处；地在下，祭祀大地要去低洼的地方，低洼处往往是湖泽，而在水上是无法举行祭祀仪式的，只能折中一下，选择水中的土丘。这个土丘的形状也未必是方的，据《史记·封禅书》记载："地贵阳，祭之必于泽中圜丘云。"

上古时候的天子，相当于许多部落结盟后推举的盟主，需要巡守天下，会见诸侯，在此过程中祭祀山川、日月以及各方天神，以获得天神们的承认。因此我们在《山海经》中可以找到许多与祭台有关的描述，往往被记录为某某丘、某某渊、某某台，《山海经·五藏山经》里也常见详细的祭祀山神的方法。但《山海经》的原始性在于这些具有祭台性质的场所还保有一些自然山川的特征，而史册中的祭台往往已经变成完完全全的人工建筑了。

众帝之台本就建在相柳造成的大泽附近，属于泽中方丘的形制；轩辕之台有四蛇环绕，蛇可能代表某种神灵，也可能表示四周的水泽。外有水流环绕，内有方台基座，中心很有可能覆有圆坛，这是一种非常重要的祭台形制——明堂。

明堂是一种非常神圣的建筑，功能繁多，天子祭祀祖先、颁布政令、规范礼法、推行教化等重大活动都在明堂举行，说它是华夏王权的象征也不为过。一直以来，学者们研究明堂的形制、作用和变迁，虽着重于它的政治和礼制意涵，但其作为祭台的功能也是公认的。

综合古代文献的相关描述，明堂的结构非常复杂，而且与天地相对应，四时、八方、时辰、风雨……

几乎古人对世界的全部理解都集于明堂一身，不过我们从中筛选出几点就足够了：①"上圆下方"对应天地；②四周环水，名为"辟雍"；③分为三层；④与"灵台"同出一源。

《五礼通考》在解释明堂时，说此制古来就有，黄帝时被称为"合宫"，尧、舜、禹在位时的名称各有不同，到了周代才改为明堂，因此不见于周以前的文献。《穆天子传》中周穆王所见的"黄帝之宫"，应当就是黄帝的明堂，即一座原始的祭台。

众帝之台和轩辕之台，其实都表现出圜丘与方丘功能的融合，而且它们都是从原始的、自然的祭台"丘"演化而来的祭祀场所。随着历史的发展，这些原始的祭台逐渐被精心设计、建造的人工建筑替代。在《山海经》中，地位最高的"丘"就是昆仑之丘了，因此昆仑山本身也具有祭台的属性，或许"虚四方"的昆仑丘与"台四方"的轩辕之丘正可组成一对帝台。

有个成语叫"故宫禾黍"，讲的是商朝覆灭后，纣王的叔父箕子路过殷墟，看到曾经金碧辉煌的宫室尽毁，长满禾黍，非常哀伤，作了一首《麦秀》歌传唱，商朝遗民听后无不痛哭。几百年后相同的一幕再次上演，西周灭亡后，周大夫长途跋涉来到西周都城，看到过去的宗庙宫室都成了长满禾黍的田地，也是触景伤怀，无限感慨，又作《黍离》诗一首。这其中的"宫"就不单指宫殿，也有宗庙、祖庙的含义。

唐代诗人杜牧的《阿房宫赋》中有一段名言："秦人不暇自哀而后人哀之，后人哀之而不鉴之，亦使后人而复哀后人也。"意思是秦朝统治者来不及为自己的灭亡哀叹，只好让后世的人为他们哀叹；后世的人如果只是哀叹而不引以为鉴，那么又要再让后世的人为他们哀叹了。这是中国古代封建王朝更迭的真实写照，也是一句警世名言。

接天：昆仑天柱

宫阙万间皆作古。

历史上的姜子牙生活在殷商末年至西周初年，距今约三千年，已经是我们难以想象的久远年代。而黄帝、帝喾的时代则更为遥远，即便在姜子牙本人看来，也是遥不可追的传说了。

但这些散失在时间里的历史，就如不慎遗落而蒙尘的明珠，意外地被昆仑神话吸纳，变成了隐现于山林间的一座座古旧楼台，需要费些眼力才能发现。一旦靠近这些古迹，便能从那些风化、锈蚀而成的独特纹理上面读出厚重的历史意蕴。

向五帝之台致以敬意后，姜子牙即将再度启程。此地已经凌驾于云层之上，仿佛能直通天顶。可他走着走着，却感觉不对劲，越是向上攀登，越感到身躯向下坠落，四周的山体越来越高，仿佛置身于一处旋涡之中，马上就要陷入昆仑山的内部似的。

掘昆仑虚以下地，中有增城九重，其高万一千里百一十四步二尺六寸。

——《淮南子·地形训》

城的本意是城邑四周的墙垣，古代的城池一般有内外多重墙垣，在内的叫"城"，在外的叫"郭"。增城九重，即有九重城墙，而增城也可写作层城，那么也可理解为分成九层的山城。

增城最大的特征还不在分层，而在于它并不在昆仑山顶，而是位于昆仑山的内部。

《淮南子》中记录了这样一个故事：有一种神奇的土壤，名为息壤，它会自发生长，可以稳固堤坝，也能填平洪水肆虐的江河。传说息壤就收藏在昆仑山上，大禹的父亲鲧曾试图盗取，但最终失败，被天帝判处极刑。大禹接替了父亲治水的事业，为了找到息壤，他率领族人，开凿昆仑山的山峰，用挖出的岩石和土壤填平洼地，就这样挖了很久，居然挖穿了山体，发现了其中藏着一座层层重叠的城池，城高万里，上面有倾宫琁室、疏圃瑶池，无数神木灵泉被安置其间，令人惊叹。

由此可见，昆仑山的内部是中空的。有些学者指出，"昆仑"二字的古意便是混沌，最初用于形容水中的旋涡，也可以引申为圆形。因此，昆仑山的内部应有一团浑圆的气体，代表太初之时的混沌状态。混沌就是天地未分的形态，本质上是无序、囫囵、完整的状态，盘古神话的第一句便是"天地混沌如鸡子"，可见未开辟的样子就是"浑圆一体"。

而大禹发现的增城中有琁室，一说为璇玉装饰的宫殿，另一说则是可以旋转的建筑。按照昆仑等于混沌的观点，琁室代表着昆仑山能够旋转。

昆仑虚，虚四方。昆仑山的外部形态是有棱有角、方形，但它又有个别名叫"员丘山"，员丘就是圜丘，代表圆形，可见昆仑山是将天圆与地方融合为一的天地之山。

综合以上信息，可以得出结论：大禹在挖昆仑山时发现，昆仑山外部四方，内部中空为圆形，分为多层，整个昆仑山体还能够旋转，中间的琁室便是枢纽。这些特征让人不由联想到一种玉器——琮。

玉琮是一种内圆外方的筒型玉器，是古代人们用于祭祀神祇的一种礼器。《周礼》说："以苍璧礼天，以黄琮礼地。"玉琮作为六器之一，在久远以前便被赋予了丰富的神圣含义。当然，关于玉琮的起源和功能的研究非常多，结论也是五花八门，涵盖了各种神明崇拜和灵魂观念，其中与昆仑山联系最紧密的，便是宇宙模型说。这一假说认为玉琮外方内圆，上大下小，圆孔中通的形制是在模仿古人心中的"宇宙山"，而圆柱形的通道代表着天柱，贯通天、地、人三界，以玉琮随葬的目的便是令灵魂得以穿过天柱通道，达到永生的境界。

增城与混沌

通天铜柱

昆仑有铜柱，其高凌云，所谓天柱。围三千里，员曲如削，下有仙曹九府治所。

——《神异经》

传说昆仑山上有一根高耸入云的铜柱，周长三千里，圆如削成，上通天界，下达幽都，无数仙人洞府散布其间，顶端还栖息着一只巨大的神鸟，名为"希有"，它展开双翼，可以令东王公与西王母在它背上相会。

柱有两重含义：一是建筑物中垂直的主结构件，一般用于支撑房顶；二是从第一重含义引申而来，泛指柱状物。

昆仑铜柱直径约一千里，这实在太过夸张，长度还通天接地，就算耗尽世上所有的铜也难以铸成，能达成这种形态的恐怕只有孙悟空的如意金箍棒了。许多学者认为昆仑铜柱是从某些原始物品上衍生出来的想象，例如《山海经》就记载了昆仑山顶上长着巨大的禾苗，这也许是古代图腾的一种展现，后来演化成树木或铜柱，于是就有了通天神树和天柱的传说；也可能是古代日晷的指针，也有说是测风向的标杆（相风鸟），还有人认为这是昆仑山"天柱"概念的具象化。

昆仑山的名号很多，如玄圃、华盖、积石瑶房……其中"天柱"是最为响亮的一个，几乎成了昆仑山的标签，从《神异经》的文字中明显可以看出铜柱就是对照天柱这个词来创造的，很多人直接就把它看作支撑天穹的柱子。撑天柱的神话故事由来已久，是基于"盖天说"衍生而来的。

盖天说产生于古人认识宇宙的早期阶段。盖天说认为"天圆如张盖，地方如棋局"，即穹隆状的天覆盖在呈正方形的平直大地上。然而，圆盖形状的天与正方形的大地边缘无法吻合，于是人们进一步解释道，天并不与地相接，而是像一把大伞一样高高悬在大地之上，地的周边有四根柱子（一说绳索）将天与地连接在一起，形状犹如一座顶部为圆穹状的凉亭。

在这样的认识下，才会诞生女娲补天、共工触山这样的神话。

传说远古时候，撑天的天柱折断倾倒，导致天穹有所损毁，不能包覆大地；洲陆分裂，无法承载生灵；烈火遍地不熄，洪水泛滥不止；猛兽恶鸟四处作乱、吞食百姓。这时天神女娲挺身而出，淬炼五色石补好了天穹，又斩断巨鳌的四足用以重塑天柱，杀死肆虐的黑龙，平息洪水，最终拯救了天下苍生。

相风鸟

在这个故事里，新的天柱由鳌足变化而来，成了支持天盖的高山，后来共工撞断了其中之一，导致天倾西北、地陷东南。但昆仑山并不属于这四根天柱的行列。很明显，四天柱在古文中写作"四极"，应代表四个方向的尽头，而昆仑山在天地的正中央，是"中极"，不偏向任何一个方向。

《十洲记》在介绍昆仑山时，提到它能够上通璇玑，从而"理九天而调阴阳"。璇玑在此应指北辰，又被称为天枢。在古人的观测中，北极星是始终不动的，而整个天空的星辰都围绕着它旋转，因此这是天穹的中枢。昆仑山对应着天枢，同时又是日月出入的"天门"，古人相信日月落下代表死亡，它们通过昆仑山进入地下的世界，而再次升起意味着重生。

所以说，昆仑天柱并不是"撑天柱"，而是"通天柱"。古人所说的通过昆仑到达天界，并不是像童话里攀爬魔豆藤那样从外部寻找道路，而是经由山体内部的通道。神巫通过天柱，就能永生不朽，这就衍生出成仙的神话。日月星辰也能穿行此通道，完成升起、落下的循环。天堂、人间、地狱就在此交会贯通。

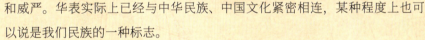

禾苗

天柱的传说影响深远，山、树、建筑等都可以成为人们心目中的天柱，例如今天我们能在北京天安门前后看见的华表，上面雕刻着神龙与祥云，不正是一种"通天"的表现吗？关于华表的由来，一向众说纷纭。既有相传华表是部落时代的一种图腾标志的；也有认为其原型是尧舜时期立在道旁、供民众书写谏言的谤木；还有人提出这是古代观测日影、辨别时辰的表木，作用与日晷上的指针是一样的。

无论如何，如今的华表屹立在神州大地上，外形古朴而精美，与巍巍壮丽、金碧辉煌的故宫建筑群浑然一体，使人既感到一种艺术上的和谐，又感到历史的庄重和威严。华表实际上已经与中华民族、中国文化紧密相连，某种程度上也可以说是我们民族的一种标志。

高耸入云的昆仑山、直入云端的通天铜柱，也是这样一座根植于我们民族古老文化中的丰碑。

日晷指针

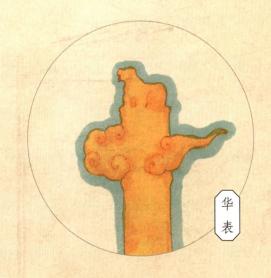

华表

通天之路

昆仑山东北，地转下三千六百里，有八玄幽都方二十万里。地下有四柱，四柱广十万里。地有三千六百轴，犬牙相制。

——《博物志》

都，本义是有先君宗庙的大城市，引申为国家的首都。

天柱上通天庭，下贯地府，这便是"八玄幽都"。

《楚辞·招魂》有云："魂兮归来，君无下此幽都些，土伯九约，其角鬐鬐些。"王逸注："幽都，地下后土所治也。地下幽冥，故称幽都。"

古人相信人死后灵魂仍然在活动，或是升入天界，或是堕入地狱。地狱的另外一个名称叫"幽都"，位于北方的地底，掌握幽都的神叫作土伯。

"幽"的本义是无光、黑暗。幽都之名，最早来自对太阳活动的观察行为，是依循太阳活动规律的一种体现。

帝尧在位时，命羲、和兄弟四人（羲仲、羲叔、和仲、和叔）制定历法，他们所到达的位置分别是旸谷、南交、昧谷、幽都。从名称上可以发现，这四个地名对应着太阳的运行，旸谷是日出之地，南交代表太阳运行到最高处时应在正南方的位置（北半球观测下），昧谷便是日落之地，到此太阳已经完成了在地面以上的运行，至于正北方的幽都，其实对应的是太阳在地面以下的轨迹。有关十日的神话里就曾讲到，六龙金车载着太阳在天上从东走到西，然后穿过地府，回到东边的扶桑树下。

对于生活在北半球的人来说，一年中大部分的时间要朝向南方才能晒到太阳，因此房屋在设计上要"坐北朝南"才温暖舒适，时至今日，这仍是建筑学上的一条重要原则。还有，朝南的山坡草木繁茂，北坡则不宜栽种；越往北方，气候越寒冷；等。种种生活经验让人们形成了北方潮湿寒冷的印象，幽都也就成了极北之地的代名词。

据《山海经·海内经》记载："北海之内，有山名曰幽都之山，黑水出焉。其上有玄鸟、玄蛇、玄豹、玄虎、玄狐蓬尾。有大玄之山。有玄丘之民。有大幽之国。有赤胫之民。"无论山、水、子民、百兽，都是黑色，足见幽都就是晦暗、寒冷、太阳照耀不到的地方。

渐渐地，幽都在古人的想象中变成了无光的地下世界，而日落对应着死亡，幽都也就成了冥府的代名词。

郭璞的《昆仑丘赞》是这样写的："昆仑月精，水之灵府，惟帝下都，西羌之宇，嵘然中峙，号曰天柱。"这里的"月精"和"水之灵府"也都代表死亡之地。

《十洲记》记载："诸百川极深，水灵居之，其阴难到，故治无常处。"昆仑山下有弱水环绕，还有从极之渊，深三百仞，其中还有黄河水伯。我们讲过黄河的原身"白水"与黄泉相连，黄泉是地府之水；"无常"也是生命终结，被无常鬼带走的意思。另外，作为日落处的昧谷也叫作禹谷或羽渊，说明太阳最终的归处是水中，水是去往冥界的通道。

许多民族的神话中都有"地狱河"的概念，比如希腊神话中的冥河、佛教故事里的三途河等，这类神话产生的原因或许与洪水传说普遍存在的理由一样，来自人类对某一事物的共有认知。水能够孕育生命，却也能够轻易地夺去生命，最后在地面的最低处汇集，又会变成雨从天上降落，于是水的循环也可以看作是生命的循环。

《山海经》记载"东海之外有大壑"，《列子》称此大壑为"归墟"，其为"无底之谷"，地上百川、天上银河都汇聚到归墟中，而归墟之水无增无减。这无疑是世界的最低处了。

按这样的宇宙观，西北昆仑为天门，东南归墟为地谷，二者构成世界的起点和终点，打通了世间万物的循环。太阳从羽渊落下，穿过中空的昆仑天柱，到达地府幽都，最终又再次从海上升起。如此轮回往复，生生不息。

那么，昆仑之虚便是一座精心设计的天地祭坛，

造物主令星辰日月绕之旋转，地上万物依之生灭，它连通了天堂与地狱、现实与虚幻，将宇宙的规则展示出来。可以说，昆仑山便是一个精密的宇宙模型。

姜子牙不慎落入中空的山体，一直跌入幽都之中。他环顾四周，只见暗影婆娑，怪石斜出，不远处传来水流汩汩的声响，仿佛有木船摇橹的声音正慢慢靠近。

伐纣封神的战斗中，姜子牙有七死三灾的劫难，对于幽冥之地，他已不算陌生了。正沉思间，天顶落下一只白鹤，口中衔着玉牒，姜子牙知道，那是师尊座前的白鹤童子来接他了。

仙人离开这里不过瞬息，可姜子牙还是忍不住回头望去。一片幽暗中，突然迸发出万丈光华，强烈的光刺痛人眼，令人不禁泛起泪花。恍惚间，六条金光灿灿的神龙拖着一架金车，呼啸着钻入更幽深的地底，只留下刹那间的光明。

姜子牙暗自轻叹，这住了四十年的昆仑山此刻显得极为陌生，仿佛从未被人探知它的真实面目。

八玄幽都

第四章

宇宙猜想
日月之山

昆仑山是连通天与地的通道，既然已登顶昆仑山，便能将视野超脱出固有的世界，以更高远的外部视角来审视人们亘古以来生活在其中的一方空间。

虽然有关昆仑山的传说都被归入了神话的范畴，但神话本就是先民们理解世界的思维方式的写照。昆仑山自成世界，以小见大，是宇宙的缩影，其中浓缩着上千年的古代智慧。

舜齐七政

传说帝尧在位的时候，天上突然出现了十个太阳，它们发出强烈的光和热，炙烤着大地，给人间带来了严重的旱灾。人们辛辛苦苦种植的庄稼都被烤焦了，粮食绝收，吃饭成了难题。屋漏偏逢连夜雨，这时候又出现了许多狰狞可怕的怪兽，游荡着掠食人类，人们苦不堪言。在这危难时刻，有一位名叫后羿的"超级英雄"勇敢地站了出来，他举起天帝帝俊赐予的弓箭，把天上的太阳射下来九个，剩下的那个太阳吓坏了，从此以后每天兢兢业业地东升西落，按时上班。后羿又用自己天下无双的神箭射杀了凿齿、九婴、猰貐等怪兽，让它们无法再祸乱人间。大地终于恢复了安宁，人们能够重新过上安居乐业的日子。

但十日凌空带来的恶劣影响仍未被完全消除，它们打乱了原定的时间历法，人们站在焦土之上，分不清何时应该播种，何时应该灌溉，也无法预测秋风和冬雪会在何时降临。世上的人都面临两难的选择：是赶紧播种，等待收成？还是将这些仅存的粮食存入仓窖，以免严冬猝不及防地到来？

如今，我们只要打开手机，就能看到日期、节气以及天气，很轻松地了解到当下所处的季节。但在上古时，人们只能通过星辰位置、昼夜长短的变化来判断时节，一旦出错，例如没能在秋季及时收割，霜降一到，气温骤降，那地里的庄稼就要被冻死，人们便会蒙受巨大的损失。

我们想象的小农经济是日出而作、日落而息，可种田的人若不能判断时节，就只能听天由命，很容易落到血本无归的境地。因此，对于自己不从事农耕，依赖百姓供养的统治者来说，制定历法、确定节气时间都是重要的事务，这会影响到所有人的切实生活。

帝尧已经年迈，便让他看中的继承人舜代理政事。舜要做的第一件事就是重新制定历法，让百姓的农耕活动有确切的时间表可依循。但历法又不是凭空变出来的，舜要怎么做呢？

《史记》用了十个字来概括："舜在璇玑玉衡，以齐七政。"璇玑、玉衡一说是天上的两个星宿，另一说是观测星象用的玉盘和玉管，类似于最早的浑天仪。而七政则是指七颗最重要的星星：太阳、月亮、金星、木星、水星、火星、土星，古时候也称它们为太阳、太阴、长庚（启明、太白）、岁星、辰星、荧惑和填星。

简单地讲，舜需要通过长久地观测天上星辰的轨迹，摸清他们的运行规律，才能找出重要的节点，从而确立一年中最重要的几个日子，例如"两分两至""四立"等。这就需要一个合适的观测场所。这个场所得满足几个条件：地势高、视野开阔，还要放置测量仪器。这种特殊场所放在今天叫作天文台，过去也叫钦天监，而在王朝还不存在的上古时代，就被叫作昆仑山。

山岳是沟通天地的桥梁，古人无论观测天象，还是俯瞰大地，都必须登上高处，《礼记·礼器》云："因名山升中于天，因吉土以飨帝于郊。"这才有泰山封禅的传统流传下来。山是众多星宿天神会集之处，因此山渐渐与天化为一体，成为人们脑海中的微缩宇宙，正如一些典籍将昆仑山称为天山，说明它已经变成了天在人间的化身。

昆仑之乾坤

对世界的猜想

　　很多人认为，神话是荒诞不经的传说，是古人在科技不发达的情况下对自然现象的种种妄想。这话只说对了一半。

　　从人类开始仰望星空起，各种疑问便自然而然地产生了：世界从哪里来？它是什么样子？天的尽头在哪里？战国时期的诗人屈原有篇气势磅礴的奇文《天问》，一口气向老天发出了一百七十多个问题：开天辟地是谁流传的？天地没有产生时是谁考证的？为什么白天光明而夜晚黑暗？都说天有九重，

有谁去量过吗？这些问题涉及天地万物、人神史话、政治哲学和伦理道德等各种领域，虽然至今没有人能全部解答，或许也永远不会出现标准答案，但这并不妨碍不同时期的人们用已有的知识体系和思维逻辑给出独特的解释。

　　根据《晋书·天文志》的总结，我国古代对天地的设想大约可归纳为三种，分别是宣夜说、盖天说与浑天说。

宣夜说

　　记载宣夜说内容的典籍已经消失于历史长河，唯有汉代流传下来的一段文字可聊作管窥，大意是：天高高在上，虚无缥缈没有实质，正因为远，所以显出苍然的颜色。太阳、月亮、星辰都飘浮在虚空之中，或顺时针运行，或逆时针运行，隐现无常，并没有特定的规律。

　　若依照这种说法，昼夜变换、星宿升降都是无序的了，然而我们的二十四节气、阴阳历都是在观察和把握天体运行规律的基础上形成的，显然此学说非常古旧，也早已被人们抛弃。宣夜说体现的是一种混沌、蒙昧的状态，秩序尚未建立，这大概就是远古的人们对天地的初始认识。

宣夜说

盖
天
说

盖天说

盖天说来源于"天圆地方"的思想。天似一个半球形的盖子，罩住平面的大地，就像《敕勒歌》里唱的"天似穹庐，笼盖四野"一样。因此在人们目光所不及的远处，一定存在着天与地的接缝，例如前文提到的天柱神话，就是一种天与地连接的方式。还有如《淮南子》中女娲补天故事记录的"天柱折，四维绝"，四维不是仅仅指四个维度或方向，"维"的本义是系物体的绳子，这透露出古人相信天穹是被四根绳索绑在地上的，表达了天地相连的观念。

不过，如果天与地直接相连，圆罩子一样的天空扣住的也应当是圆形的平面大地，否则如何严丝合缝呢？古人自己也产生过疑惑，曾子就有过疑问：如果天是圆的，地是方的，那地的四个角不就罩不住了吗？

慢慢地，天圆地方的理论经过逐步发展，出现了不同的学说。在一些人看来，天穹罩住的范围比大地的面积更大，多余的部分则由海水填充；另外的人则逐渐放弃了天地相连的说法，产生了天地平行的朴素认识。前者经过其他理论补充，发展出了浑天说；而后者仍属于盖天说的一种类型，有学者称其为"天圆地平说"。

《晋书·天文志》引述《周髀》的一段描述："其言天似盖笠，地法覆槃，天地各中高外下。北极之下为天地之中，其地最高，而滂沱四隤，三光隐映，以为昼夜。"

天仍旧像一个圆形的斗笠，笼罩地面，但地面的形状并不是像纸张一般平坦，而是如同一个倒扣过来的盘子，天地二者都是中间高，四方低。天的最高处称为"北极"，北极正下方则叫"北极下地"，也就是地的最高处。在天圆地平说的框架下，天和地之间的距离是恒定的，相当于两个接近平行的曲面。日月都依附在天上，并不会运行到地面以下，而是"丽天而平转"，意思是像推磨盘一样围绕天中心旋转，因为在曲面上运行，从地上看去就好像日月在升降似的。

在盖天说的框架下，根据太阳一年的运行规律，人们制定了七衡六间体系，即用七个同心圆来表达太阳照耀的范围与轨迹。其中最主要的有三个圆圈，最内的叫作内衡、最外的叫外衡，还有正中的叫中衡，这三圈分别代表了夏至日、冬至日与春秋两分的太阳轨迹，它们对应到地上就是南北回归线与赤道，与此前我们所说的圜丘联系起来，是否也可能说明昆仑山分三层的设计灵感来源于太阳运行呢？

浑天说

如前所述，天圆地方观念的另一条发展道路衍生出了"浑天说"。浑天说的理论可以用《浑天仪注》的一段话来集中展示："天如鸡子，地如鸡中黄，孤居于天内，天大而地小。天表里有水，天地各乘气而立，载水而行。周天三百六十五度四分度之一，又中分之，则半覆地上，半绕地下，故二十八宿半见半隐，天转如车毂之运也。"（《晋书·天文志》）

浑天说中的天与地相互之间不挨着，而是由海水连接。通过古代流传至今的浑象仪（也叫浑天仪），我们可以观测到古人将天穹视为一个空心的球体，日月星辰都依附在球体的表面上，相当于天文学中的假想概念"天球"。

天球像蛋壳一样包裹住大地，大地也是中间高、四方低，又有一半沉在水下，在浑象仪中常被表现为一个球体。但是这个鸡蛋黄似的球体并不能直接等同于我们今天认知中的地球，因为它和海洋是分离的，也不会自转。研究者们推测，古人在登高俯瞰地面后获得了"地为曲面"的直观感受，因此把大地想象成球状，但这个球状地面的本质仍是承载人们生活的平面。四周有海水环绕，随着天球转动，上面的天体不断升起、落下，所有天体的运行轨迹都是地面上—海面下—地面上的循环。

一直以来，浑天说都在古代人对宇宙天文的认知中占据着主导地位，因为这种地不动、天在动的理论符合人们对生活的观察。通过长期观察和记录重要天体的运行轨迹，人们便能划分节气、制定历法。

刘宗迪先生在解读《山海经》时提出，《山海经·大荒经》中出现了七对东西相应的"日月出入"之山，猜想它们就是古人记录的日月升落位置，据此测定两分两至的时间，而这就是文献记录中失传了的"连山历"。由此可知，《山海经》的世界应该就建立在浑天说的宇宙观之上。

但是浑天说也存在一些缺陷，例如认为地面是不变的中心，而天穹有高低之分，观测者所在的位置正上方就是天的顶点，对于夏朝人来说，天顶对应到地上就是夏都阳城，"天子居中"的观念便是这样形成的。然而，随着人们生活范围的扩大，理论和实践经验进一步积累，便会渐渐发现，即便远离阳城时抬头看太阳，其大小并没有因为天穹高低的变化而改变，而在阳城观测出的历法也不能适用于其他地区。

以上三种理论都是从人的角度窥探天地，将自己双眼所见归纳为完整的体系。许多宏伟的梦想、虔诚的信仰都来自古人的亲身体验。譬如古人对天帝的崇拜就与山岳崇拜统为一体，山岳是天然的观测点，人站在山巅，上近于天，下临于地，仿佛能将宇宙万物尽收眼底。

七衡六间图

昆仑自有乾坤

　　既然说昆仑山是天与地的化身，那么它是以上哪种理论的产物呢？

　　宣夜说显然不符，最先被我们舍弃。再来看看盖天说，昆仑山与其确实存在契合之处。例如昆仑山顶为太帝之居，太帝就是太一星，即北辰，也就是古人相信的"北极"。昆仑山是天柱，北辰是天枢，不仅代表着天的最高点，也是星辰绕行的中枢。

　　还有前文提到昆仑山的形制为三层圆丘，三个同心圆可以对应盖天说中七衡六间的内、中、外三衡，这在一些新石器时代遗址中发现的三层圆祭台上面获得了佐证，说明这种观念由来已久，非常古老。

　　与浑天说的相似点就更多了。先对比一下反映浑天说的仪器——浑象仪，除了主体中装饰着星辰的天球外，还有好几层可运转的圆圈，分别代表黄道、赤道、子午圈、地平圈等。更重要的是，有的浑象仪是靠水驱动的，可以通过滴水使日月运行轨迹、二十四节气、二十八星宿等天文现象得以自动展现。

　　以此观照，昆仑山模型与浑象仪也有异曲同工之处。

　　第一，昆仑山四面环水，即可以模仿浑天说中浮于水面的陆地。第二，昆仑山连接天地，是"日月出入"的通道，而且日月潜入虞渊，表明从水下经行回到初生之处，即可完整地展示日月运行轨迹。第三，昆仑山上有璇室和玉横，这两样事物可能代表着璇玑玉衡，一般认为璇玑玉衡所指的是北斗七星，也有人相信它们就是古代观测天象的仪器，其最大的特征其实是能够转动。这与浑天说中可以转动的天球是对应的。

　　整体来看，昆仑山是一个符合浑天说的宇宙模型，但其中也蕴含着盖天说的部分特征。在古人的设想中，昆仑山就是大地的正中心，它的上方是永恒不变的北极星，地上的山川方国簇拥着昆仑山，抬头望去，天球转动，日月周而复始地来往于天穹与海底之间。以昆仑山作为观测地点，便能记录下日月星辰的轨迹变化，从而制定一年的时序历法。

　　这么说来，《山海经》里的昆仑山是一座祭台，同时也是一个浑象仪，用来模拟天地，预测天时，这在古代也有一个专门的名称，叫作"观象授时"。《尚书》有言："舜在璇玑玉衡，以齐七政。"意思是通过璇玑玉衡来掌握日、月和金、木、水、火、土五大行星的运行规律。有了这套规律，人们便能按照相应的天象来判断时节，从而有序地劳作、生活。

　　顾炎武说："三代以上，人人皆知天文。"《诗经》中便有不少痕迹，如"七月流火""三星在天"等，可见当时的人们识别星辰就如同我们现在看日历、时钟一般。但观象授时的权力唯独君王才能享有。无论哪个朝代，只有皇室有权力发布历法历书，称作"皇历"，这或许便是绝地天通的真相——昆仑山是帝王家的天文台，王权对天文观象的结果进行垄断。

浑象

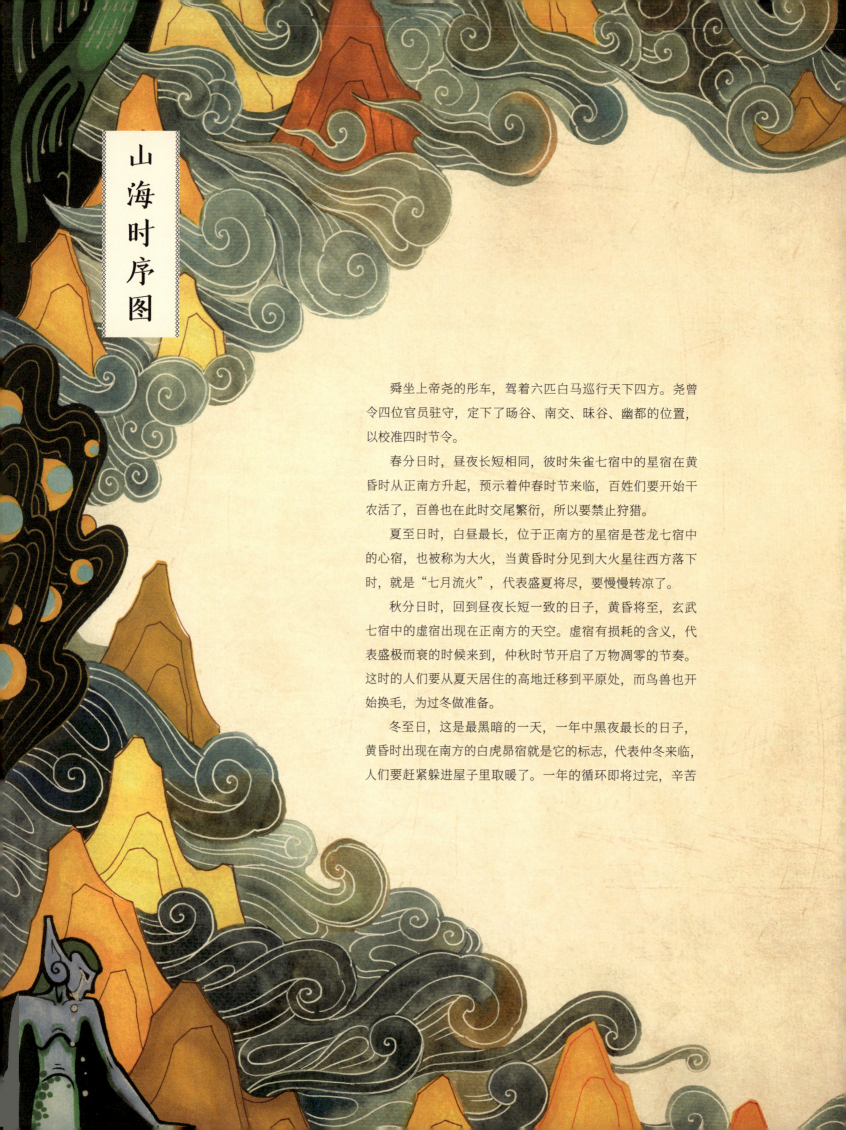

山海时序图

舜坐上帝尧的彤车，驾着六匹白马巡行天下四方。尧曾令四位官员驻守，定下了旸谷、南交、昧谷、幽都的位置，以校准四时节令。

春分日时，昼夜长短相同，彼时朱雀七宿中的星宿在黄昏时从正南方升起，预示着仲春时节来临，百姓们要开始干农活了，百兽也在此时交尾繁衍，所以要禁止狩猎。

夏至日时，白昼最长，位于正南方的星宿是苍龙七宿中的心宿，也被称为大火，当黄昏时分见到大火星往西方落下时，就是"七月流火"，代表盛夏将尽，要慢慢转凉了。

秋分日时，回到昼夜长短一致的日子，黄昏将至，玄武七宿中的虚宿出现在正南方的天空。虚宿有损耗的含义，代表盛极而衰的时候来到，仲秋时节开启了万物凋零的节奏。这时的人们要从夏天居住的高地迁移到平原处，而鸟兽也开始换毛，为过冬做准备。

冬至日，这是最黑暗的一天，一年中黑夜最长的日子，黄昏时出现在南方的白虎昴宿就是它的标志，代表仲冬来临，人们要赶紧躲进屋子里取暖了。一年的循环即将过完，辛苦

多月的劳动果实堆满粮仓，人们便有空余时间进行娱乐狂欢，嫁娶喜事一般都在冬季举办。

舜亲身经历了一年的天象变化，终于登上昆仑山，以天对地的视角俯瞰芸芸众生。当他置身于昆仑顶峰的时候，恍惚间意识到天地万物融合为一体，形成一台记录时光、测算节气的巨大机器，形状近似于日晷，平坦的大地就是表盘，而四方环绕的二十八座高山便是表盘上的刻度，上应于天，就是二十八宿的分野。昆仑山作为表盘中央高竖的指针，时光就是它投下的影子。

在风起云涌的大荒世界，当东海流波山上的夔牛发出吼叫，便是春雷震动；羲和之国的扶桑树上，十个太阳栖息于此，从海面上出发，开启日升月落的循环；海外长洲又名青丘，此地有狐九尾，是苍龙尾宿的化身……春夏秋冬，每个时间节点，都变化为《山海经·大荒经》世界中的奇兽怪物，以图画的形式标记着一年中每一个重要的节令，循环往复，生生不息。

第五章

神人相和

信仰之山

说到『神』这个概念，一般认为那是超越人类本身的强大力量，当人类遇到自身不可能解决的重大问题时，便希望有神出面帮助自己。远古时的人们以孩童一般的眼睛观察世界，对于难以理解的天文和气象变化，就赋予其神或精灵的身份，并将谷物、牲畜、珍宝甚至生命献祭给神，以换取神灵保佑五谷丰登、六畜兴旺，乃至祛病消灾、长生不死。

最早出现的是泛神论，也叫万物有灵论，一草、一木、一石，皆有神明栖息其中，人类不可轻易冒犯他们。后来这些神明逐渐有了面目和人格，被划分出不同的工作职能，有的掌管生育，有的掌管雨水，有的掌管战争……不过，纵观诸多民族的传统神话，无论有多么庞大的神仙体系，总还是有一个地位最高的神统治着其他神灵。例如希腊神话中的奥林匹斯山众神，有太阳神、海神、智慧女神、大地女神等，他们都从属于最高神宙斯。

昆仑山汇聚了众多古老的神话与神人，称得上是中国神话的奥林匹斯山，一座上古万神殿。但与希腊神话不同，昆仑山神话体系的最高神似乎总是隐在幕后，未见真身。《淮南子》中说昆仑山的顶端是『太帝之居』，看来太帝是昆仑山的主人。《山海经》也称昆仑山为『帝之下都』，即天帝的都城。可是太帝、天帝的故事太少了，连他们的样貌都模糊不清，反倒是另一位女神西王母屡屡闪亮登场，风头无限，俨然成了昆仑山的形象代言人。

造成这种局面的原因是昆仑山神话中融合了各种各样的原始信仰，自成一格，无法用简单的言语厘清，信仰和观念也分辨不出孰高孰低，各方大神都有自己的一席之地。我们可以简单地把他们划分成几个阵营，逐一讲解。

轮回与永恒：西王母系

西王母是与昆仑山羁绊最深的神明,《山海经》中的《大荒西经》《西山经》《海内北经》等都提到了她。她也不只存在于神话中，还曾作为地名、国名、君主名被记录在史册之上，给后世留下了一个又一个谜团。

西王母

是神女，还是半兽人？

西王母长什么样？这个问题还真不好回答，她的容貌是随着时间而变化的。最早在《山海经》的记载中，西王母"状如人"，也就是接近人形，却也具备动物的特征，如虎齿、豹尾、戴胜、穴居，还有三只青鸟为她取食。综合来看，早期的西王母形象是豹尾虎齿，披头散发，住在山洞里，动不动就吼叫，显得十分凶恶，一点儿也不可爱。

当然，《山海经》中提到的神，大多是人面兽身的，如祝融、句芒、禺彊等，即便是我们熟悉的"历史人物"轩辕黄帝，其轩辕国中的人也都长着人面蛇身，还把尾巴盘在头顶。在古人眼里，这种半人半兽的形态正是神的身份象征。

到了《穆天子传》和《汉武内传》里，西王母摇身一变成了帝胄出身的贵妇人。周穆王曾西行游览昆仑山，到达西王母之邦。西王母在瑶池上设宴招待他，两人互相作诗酬答，最后依依惜别。这时的西王母已经没有野兽的习性，文雅端庄，自称"我惟帝女"，也就是天帝的女儿。

汉武帝见到的西王母更是雍容华贵，身边还跟着一群美丽的仙女。她赏赐的仙桃美酒，都是人间所未闻的神品，还具有令人长寿的功效。西王母掌握不死药的神话由来已久，让她与民间方士追求的"长生"信仰不谋而合，战国以后，随着道教的逐渐形成，西王母很快成为其神仙体系中一位重量级女神。

在道教中，西王母是主管长生的女神，被视为女寿星。她拥有崇高的地位，是所有女神的首领，因为名中有"西"，人们还创造了一个男神东王公与她组成配偶，共同受到信众的敬拜。

有关西王母的民间传说更多，如牛郎织女的故事、小说《西游记》等都能反映出广大黎民眼中的西王母形象：地位崇高，容貌端庄，常作为镇压反抗的封建力量出现。换言之，民众眼中的西王母可简单地以"神界皇后"四个字来总结。她时而像观音菩萨一样救苦救难、赐福长寿，时而又残酷无情剥夺年轻人的幸福，代表了强权和压迫。无论如何，她都是天神世界中绕不过去的至高存在。

但在历史文献中提到的"西王母"并不全是指这位女神，还有可能是国家、国王、民族之称。《尔雅》曾将西王母列为"四荒"之一，这里指的是一个地方或者方国，《穆天子传》中也用了"西王母之邦"这样的表述。《大戴礼记》记载，帝舜当政时，西王母曾派使者来进献白玉琯，此时西王母指的应是一位国王。

那么很有可能，历史上存在着一个远在西土的国家——西王母国。这个国家的子民就是西王母族，首领被称为西王母，曾向中原的天子进贡，而周穆王也曾御驾亲临，与首领相会饮宴。西王母国的首领是个穿戴兽皮兽牙的酋长，为的就是模仿他们的图腾"西王母"，而首领的性别也不一定是女性，只是因为"西王母"的音译才被当作了女王。根据凌纯声等学者的考证，西王母来自两河流域的苏美尔文化，是苏美尔人和阿加第人的月神Sin，他是一位男神，有时可以念作Siwan或Si-en-nu，与西王母发音相近，而祭祀他的神庙建筑为多层高塔，就被认为是昆仑山的原型。当然这只是其中一种猜想，近年来还有学者提出西王母是古羌人的一支部落，周穆王到达的昆仑山位于现在的青海省境内，属于古羌人的活动范围。不过目前对西王母国所在地的考证大多只停留在猜想阶段，毕竟在遥远的过去，没能留下确凿的文字证据。

纵观西王母形象的演变，我们可以发现，西王母作为神的发源时间非常早，原因是其半人半兽的特征在原始氏族部落的图腾信仰中是普遍存在的。从古代非洲、古埃及、美洲玛雅文明流传下来的岩画和壁画里，都能看到兽头人身或人面兽身的形象。而西王母最终变为华丽的女神，在各个历史时期都被赋予新的象征意义，哪怕到了今天，她依然活跃在形式多样的文学、影视、游戏作品之中，充满文化的活力。这些足以展现女神的魅力，她古老而神秘，却伴随着我们文化的发展一同成长，也会植根于我们的文化之中，日新月异，生生不息。

美丑之辩

一一五

西王母身份为何？

如何理解西王母，取决于人们如何理解《山海经》和它的蓝本"山海图"。

有的人认为《山海经》是地理书，"山海图"是古代的方国地图，那么画上的西王母理应是一位国王；有的人相信《山海经》是"巫书"，西王母或许是个巫师；还有人提出"山海图"记录的是古人眼中一年四季的天体循环，那么西王母的身份可能更倾向于记录天文的观测者。

需要注意的是《山海经》中对西王母动作的描述。要知道，"山海图"上的人物大多是有动作的，比如羲和"方浴日于甘渊"，女丑之尸"以袂蔽面"，犬封国有女子"方跪进杯食"，欧丝之野上有女子"跪据树欧丝"，寥寥数字，就让人物活了起来，更为后来的羲和生十日、旱魃止雨、槃犬娶公主、蚕神马头娘等一系列传说保留了原型。

回到西王母身上来，《山海经》中有关她动态的描述有"善啸""穴处"和"梯几"，我们仅凭这三个词来想象一下用画面如何表现。首先，"善啸"说明她会像虎豹那样吼叫，一副老虎的牙齿足以展示。其次，"穴处"表现她居住在洞穴中，画面上可能用一个圆框将人像围绕来展现，或者说直接将西王母画在昆仑山图案的内部，表现其所在地是一个封闭的场所。最后，也最重要的是"梯几"，"梯"字经考证同"冯（凭）"字，意为倚靠；"几"就是矮凳，也可引申为小桌，是古人席地而坐时用于倚靠的一种家具，同时，"几"也属于祭器的一种，在祭祀和宴会时用于盛放酒器。西王母身前放着几，"其南有三青鸟，为西王母取食"，也就是说，三青鸟送来的食物会放置在几上，这很明显是祭祀的场面。

那么，问题来了，西王母是主持祭祀的人，还是受祭祀的对象呢？无论是哪一种，她必然承接着或象征着某种神圣的力量，由此衍生出无数猜想和讨论。对西王母的神格猜想主要有以下几种。

人神之辨

太阴之神

西王母是月神，代表了阴性力量。

在古人的朴素分类下，世间万物都可被归类为阴、阳两大阵营，相互对立又可调和。阴阳的轮转推动着一切事物的生灭。就像太极图里的阴阳鱼，它们截然相反，却又结合得天衣无缝，你中有我而我中有你，交缠旋转，永不止息。

女性和月亮都被归为阴。古人相信月亮的运行与女性关联紧密，尤其月有阴晴圆缺，与女性孕育生命的过程非常相似。西王母被封为女仙之首，与"太阴"月亮的地位是相符的。

西王母的法宝，同时也是她寿神地位的象征——不死药，也跟月亮有千丝万缕的关系。

后羿曾向西王母求得了不死药，嫦娥服下药后却飞到了月亮上，成为月宫里的神仙。这不死药究竟是什么东西制成的呢？或者，它根本就不是药，只是一种生命形式的转换？

有人根据西王母与蟠桃会的关联提出蟠桃就是不死药的推论，但从各类传说记载来看，蟠桃只能令人延寿，即便夸张到延寿三五千年，与神仙的"永恒"状态还是不同。

《山海经》中经常出现"死而复生"的描述，如颛顼、鱼妇、蛇等，让人觉得很神奇。学者们认为可解释为动物冬眠后醒来，这在古人眼中如同死而复生。同理，太阳升起落下，月亮朔望变化，周而复始，这种循环往复构成了真正意义上的永恒。

窫窳复生的故事就建立在这一套逻辑上。窫窳是钟山之神烛阴的孩子，却被两个天神危与贰负杀害，天帝命令六位巫师围在窫窳尸体之侧，用不死药将他救活。所以说，不死药的"不死"其实指的是"复活"。

据《淮南子》记载，不死药须由玉横盛放。玉横又名玉彭，有的人认为它是一种容器；也有人提出，玉横其实就是玉衡，在古代是星辰的名称，同时又是一种远古的天文器物，类似于浑天仪上用于窥望星体的玉管；还有人认为"衡"字的含义等同于"平"字，玉衡是平面的物品，但可以指示天体运行的规律。《尚书》记载舜利用璇玑玉衡"以齐七政"的行为，实际上就是用仪器观测日月和五颗行星的运转。

不死药代表"死而复生"的永恒状态，又可被作为观星工具的玉衡所"盛放"，也就是能通过玉衡观测到，显然是一个拥有明显周而复始规律的天体，这些特征都指向了月亮。

不死药就是月亮，而掌握着不死药的女神西王母自然是太阴之神了。

太阴之神

刑杀之神

关于西王母的职责，她作为天神管理着什么，《山海经·西山经》说得非常直白，即"司天之厉及五残"。"司"是掌管，"天之厉"令人感受到一股浓重的肃杀凶恶之气，大致可以解释为上天的惩罚——也许是霹雳，因为古人一直相信做了坏事的人会被雷劈，这是天神在审判坏人；也许是瘟疫，这也常被视为老天降下的惩罚；或者洪水、火灾。总之，人做了坏事，就要遭到上天的惩罚，这个惩戒是由西王母来实施的。

相对于"天之厉"，"五残"的意思或许更明确一些。《史记·天官书》中记录了一颗五残星，位于东方分野，如果出现的方位有异，就可能导致狼烟四起、战火纷飞，可见五残星是一颗凶星。西王母能够司掌天之厉与五残星，说明她可以预知灾祸的发生，甚至亲自执行，让天灾降临人间。

另外，西王母一直被认定为西方的女神，西方在五行中与金、秋季相配。读过欧阳修《秋声赋》，便知"夫秋，刑官也"，植物在经过夏季的繁茂生长后，当于秋季凋零衰亡，仿佛是被执刑官夺去了生命，进入下一个轮回。西王母所担任的就是收割生命的死神的角色，正因为她是死神，才可以主宰人的寿命，或者反过来赐予永生。

丰收之神

在世界各民族的神话中，几乎都有大地女神这个角色，被统称为"地母崇拜"。为什么土地总是与女性关联在一起呢？在我们的传统观念中，乾坤指天地，乾是天、男性，坤为地、女性，尤其在农耕文明中，女性的生育往往与土地的丰收联系在一起。

远古母系社会时期，"民知其母而不知其父"，因此许多始祖传说都从母亲讲起，比如商人的祖先契的母亲吞燕卵而孕，周人的祖先后稷因其母姜嫄踩到巨人的脚印而生，这些祖先的母亲都有名字和氏族背景，可是父亲却面目模糊不清，假托为天帝，实际上并不存在。

西王母也有可能是这样一位祖先女神，人们通过祭祀她求得丰产与富足。《管子》中记载了周人祭祀"王母"的传统，即夏至麦熟时，须用新麦祭祀祖先，以大牲作为祭品，君王祝祷、追思先人。这里的"王母"指的是女性先祖，也就是"老祖母"的意思，于周人而言就是后稷的母亲姜嫄，她来自西方的羌人部族，或许因此被称呼为"西王母"。

作为部落的保护神，西王母的女性形象不仅代表了养育国民的职责，这样才能人丁兴旺；还寓意着物产的丰饶，这样部落才能强大。对此，《山海经·大荒西经》中称王母统治的国度为沃之国。"沃"字除了有土地肥沃之意，还有丰盛、富饶的含义；作为动词时，还可表示浇灌，与祭祀仪式中以酒浇地的环节切合。

西有王母之山、壑山、海山。有沃之国，沃民是处。沃之野，凤鸟之卵是食，甘露是饮。凡其所欲，其味尽存。爰有甘华、甘柤、白柳、视肉、三骓、璇瑰、瑶碧、白木、琅玕、白丹、青丹，多银铁。鸾鸟自歌，凤鸟自舞，爰有百兽，相群是处，是谓沃之野。

——《山海经·大荒西经》

刑杀之神

沃之国

在沃之国中，人与百兽相处和谐。人食用凤鸟之卵，饮用甘露，一切口腹之欲都能得到满足，生活得无忧无虑。如果把这段描述想象成画面，又很像祭祀时的场景。其中的甘华、璇瑰，是带有神圣象征的植物与美玉，应当为呈献的祭品，歌舞的鸾凤、百兽也烘托出了祭典的热闹与神圣感。

与沃之国相似的还有载民国，那里的人称为巫载民，他们是帝舜的后裔。在先祖神的庇佑下，巫载民不需耕种也能获得食物，不需纺织也有衣物穿，同样有鸾凤歌舞，百兽群聚，还有百谷堆积如山。

载民国在《山海经·大荒南经》中，沃之国在《山海经·大荒西经》中，若按刘宗迪先生的说法，《大荒经》是一幅"回"字形的图画，表现的是一年四季的时序，那么载民国对应的就是夏收新麦的祭祀，而沃之国是秋季丰收后的祭祀。

因此，西王母首先作为女性祖先神受到后人的祭拜，而后因其女性身份和土地、农耕、丰收关联起来，成为丰收之神。每年的夏收和秋收之后，人们都要心怀感恩地祭祀这位先祖，感谢她赐予物质丰裕的美好生活。

按照《仪礼》记载，周人在祭祀祖先时，会设置神尸，也就是让活人扮演死去的先祖，接受族人们的敬拜。或许"山海图"上西王母的"蓬发""虎齿""豹尾"便是神尸穿戴的服饰，是对祖神形象的模仿。

轮回之神

前三种观点都遗漏了一个西王母的突出特征，即《山海经》中有关西王母的三条记载都有提及的"戴胜"，或许这才是破解西王母身份的关键。

依照原文大意和语言习惯，"戴"与"胜"应该分开解释。"戴"是一个动词，表明西王母头上有物，那么重点在于"胜"是什么，玉簪？高髻？鬼面？肉冠？其中较受认同的是"玉胜说"，即认为"胜"是仿造古代织机经轴形状的一种首饰，因为纺织与女性身份关联度强，古人通过佩戴精美的华胜来彰显女性贵族的崇高地位。从汉代起，西王母的形象就经常出现在壁画、画像砖等艺术作品当中，她的头上或顶高髻、巾帼，或端庄地戴着两端梯形对称、中有圆轴连接的玉胜，发型一丝不苟，完全没有蓬发、虎齿、豹尾的原始感和野蛮感。

既然西王母最初的形象是"蓬发"，玉胜之说似乎与此形象有所冲突。

有一种头上长着羽冠的鸟类也称戴胜，我们的先民从很早以前就开始观察它们，还记录下它们的习性，用于辨别季节，《礼记·月令》中就说"季春之月……戴胜降于桑"。戴胜鸟的羽冠和原始部落中巫师所戴的头饰非常相像，原始时期巫权与王权不分家，头戴羽冠的巫师往往也是部落的首领，那么"戴胜"的西王母也应该身兼两职，既是族长，也掌管着祭祀、历法、农耕、营建等重大权责。

戴胜落在桑树上的季春三月正是雨水充沛、树木发芽的时节，人们一方面需整修水利，以保证灌溉，另一方面要准备养蚕采桑，同时还禁止狩猎，举行驱除疫鬼的祭祀。由此可见，不论"胜"是戴胜鸟还是玉胜，都能串联起蚕桑、纺织、春季和生命起始等意象，西王母的"戴胜"头饰不仅彰显了她的神圣身份，还应体现她拥有着赐予大地生机的力量。

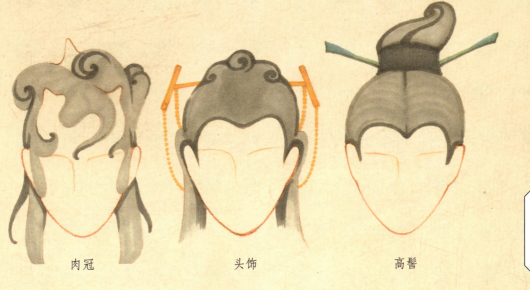

肉冠　　　　　　　头饰　　　　　　　高髻

戴胜猜测

　　至此，我们会发现对西王母身份的判断充满了矛盾。她一方面代表降下灾祸的凶星与瘟疫，一方面又代表丰收与富足；一方面收割生命，一方面又赏赐永生；她看似是阴性的、月亮的化身，但她身边的三青鸟又是太阳三足乌的形象来源之一；她身边有带来洪灾的胜遇鸟，也有代表大丰收的神兽狡……正是这些矛盾的特性汇聚在一起，造就了西王母无比复杂和丰富的神格，也显示出昆仑山包罗万象而又循环往复的特征，若要总结西王母与昆仑山的本质特征，应该是"轮回"这两个字。

　　日升月落、季节更替、生命轮回，万物就在阴阳两界之间循环着向前发展，这就是古人对世界和时间的理解，最终汇聚在一幅"山海图"上，位于正中的昆仑山是其模型，而昆仑之神西王母则是轮回规则的主宰与象征。

戴胜鸟

轮回之神

昆仑守卫者：陆吾

西南四百里，曰昆仑之丘，是实惟帝之下都，神陆吾司之。其神状虎身而九尾，人面而虎爪；是神也，司天之九部及帝之囿时。

——《山海经·西山经》

山有山神，水有水神，古代人相信群山是大地的骨骼，河流是大地的血脉，在万物有灵观念的影响下，便对山水加以神化并崇拜，就像《西游记》中描绘的，连每口井中都有井龙王驻守那样，每一地区的主要山峰也皆有人格化的山神居住。

陆吾是管理昆仑之丘的山神，身体似虎，有九条尾巴。它在《山海经·海经》之中又叫作开明兽，长着九个头，每个头上都有一副人的面孔；《山海经·大荒西经》说它"有文有尾，皆白"，因此陆吾神的主体形象应是一头白虎。

虎是山林间的百兽之王，在中国传统文化中具有非常特殊的地位，一方面人们惧怕它的尖牙利爪，将它作为恐怖、凶恶的代名词；另一方面又想借助老虎的神威，以它的形象驱除鬼魅、保家安宅。

《山海经》里长得像老虎的奇兽和神灵有很多，学者们认为这一方面反映了古代存在虎图腾的标识，一方面也说明早在远古时期，虎就被人们奉为神灵。陆吾作为虎身之神的典型之一，拥有什么样的神力呢？

首先，陆吾神的职责是"司天之九部及帝之囿时"。其一，"天之九部"对应着昆仑九门，门内就是"百神之所在"，陆吾需要保卫昆仑山巅的"神之乐园"。其二，"帝之囿时"的意思是天帝花园中的时节。在人们的想象中，天帝的园囿定然是花木繁盛而又永不凋朽的，花期不同的植物也能同时盛放。陆吾作为神灵，这点本领还是要有的。

守护昆仑的职责看起来更符合陆吾的虎形特征，九头九尾，可以同时看管九门，而且他在"山海图"中的动作是站立于昆仑山顶，面向东方。《淮南子·地形训》将东极之山命名为"开明之门"，正应了陆吾神的别名——开明兽。

开明之门，意为东方门户，也就是日出之处。在桃林的章节我们曾经提到，东海中的度朔山也是日出之处，树下的两位神人——神荼和郁垒，能够用芦苇编织的绳索拘捕鬼怪，若遇到恶鬼，便喂给身后的一只猛虎吃掉。陆吾神就如同这只吞食恶鬼的猛虎，站在阴阳分界之处，一面吞食黑暗，一面朝向光明。

陆吾

秋风白虎

陆吾拥有白虎的身躯，这与四象二十八宿之中的白虎星宿十分吻合。古人观测星空时，将周天划分为二十八个区域，每个区域为一个星宿；又把它们划分为四组，每组七个星宿，组合成青龙、白虎、朱雀、玄武四种形象，它们分别对应着不同的方向和季节。

西方属金，颜色为白色，对应着秋季。据《月令》记载，秋季到来时，天子要住在西侧室，穿白衣、佩白玉，使用白色的车马仪仗，立秋之日还要举行祭祀白帝少皞的仪式。同时，秋季也是规整法度、问罪行刑的时节，我们经常在影视剧中听到的"秋后问斩"就源于此。

正因为陆吾身上具有秋季、肃杀的属性，让他守卫昆仑山九门是非常合理的，毕竟只有后羿那样的英雄人物才可能通过如此凶神恶煞的虎身神明把守的关卡。从外形上看，陆吾有些像古埃及神话中的斯芬克斯，也就是金字塔前的狮身人面像，传说它会拦住过路的人，如果人猜不出它的谜题就会被它吃掉。只是不知道陆吾会不会像斯芬克斯一样，用谜语考验试图攀上昆仑山的人们。

再回头看陆吾管理天帝花园时节的职能，以他这样凶猛的形象去管理花草树木，总会产生"反差萌"的效果。他所代表的秋季本就是"杀尽"百花的刑官，同样也要能赋予花木长开不败的繁盛。

另外，秋与月同样关联密切。古时候春分日需祭日，秋分日则祭月，月与西方也存在对应关系。《淮南子》记载："日出于旸谷，浴于咸池。"旸谷是日出之处，咸池则是日落之处，古人认为日月既是阳与阴的代表，其运动轨迹就应该是正好相反的，便有月出于西方的想象，那么咸池就该是月出的地方。《史记·天官书》将天上星宿分为五宫，除中宫之外，东宫为苍龙、南宫为朱鸟、北宫为玄武，而西宫则名"咸池"。由此可见，咸池与后来的西方白虎是对应的。

陆吾背对西方，面向东方。他身如白虎，象征日落咸池；名为开明，象征日出东极。他与西王母一样，既代表着生命的终结，也象征着轮回的永恒。

白虎星宿

伥与貙

古人对老虎的情感十分复杂，可谓又爱又恨。

一方面，人们对吃人的老虎极为恐惧，有关老虎的凶恶传说同样层出不穷，例如成语"为虎作伥"就源于一个恐怖的传说：被老虎吃掉的人会变成伥鬼，只能依附于虎，帮助它引诱其他活人葬身虎口。

另一方面，人们崇拜虎神，相信它能够吓退或吞噬鬼魅。有一件商代的青铜卣就被制成老虎的形状，张开血盆大口，即将咬向它用前肢抱住的一个人。有学者认为这是在表现虎神吞鬼的场景，反映古人对老虎的尊崇。青铜器上常见的饕餮纹（也叫兽面纹）就融合了许多食肉动物特征，尤其是一双圆睁的大眼最为醒目，很可能就取材于老虎那铜铃似的眼睛。

人们将老虎视为一种祥瑞。传说中的神兽驺虞（驺吾）就是一头白虎的模样，但它不同于普通的老虎，不仅长相奇特，如身上遍布彩色花纹，尾巴长于身体，而且习性奇特，不愿践踏植物，也不捕食活物，只吃自然死去的动物，因而被尊称为"义兽"。《诗经》中就有一篇诗文赞美驺虞，但从其语句来看，诗里的驺虞不像动物，反而似是猎手，有些人将其解释为天子的猎官，还有的人更进一步，认为驺虞是猎神。它的外貌体现了人们对老虎捕猎英姿的羡慕，而它的习性则反映了古人捕猎野兽但不灭绝的仁政思想。

《国风·驺虞》

彼茁者葭，壹发五犯，于嗟乎驺虞！

彼茁者蓬，壹发五豵，于嗟乎驺虞！

简译：

从繁茂的芦苇丛，赶出一群母野猪。哎呀真是天子的好兽官！

从繁茂的蓬草丛，赶出一窝小野猪。哎呀真是天子的好兽官！

《搜神记》中还有一个关于"貙人"的故事。他们可以从人形变化成老虎。有一次，山上的居民在捕虎的机关中发现一位亭长，他包着红色头巾，戴着高冠，还拿出了证明身份的文书，毫无破绽。人们相信是误会，便打开机关将他放出来，谁知亭长突然变成了老虎，飞快地跑进深山之中。后来便有传闻流出：能够变成人的虎都叫作貙，它们变成人时没有脚后跟，喜欢穿紫色的葛衣；变回虎时则有五个指头。

"貙人"被认为是古时候的巴国首领廪君的后代，其实就是唐朝时期四川一带的少数民族，变化为虎的传说展现出虎是他们的图腾神之一。

狐
人

又西三百二十里，曰槐江之山。丘时之水出焉，而北流注于泑水。其中多嬴母，其上多青雄黄，多藏琅玕、黄金、玉，其阳多丹粟，其阴多采黄金、银。实惟帝之平圃，神英招司之，其状马身而人面，虎文而鸟翼，徇于四海，其音如榴。南望昆仑，其光熊熊，其气魂魂。西望大泽，后稷所潜也；其中多玉，其阴多榣木之有若。北望诸毗，槐鬼离仑居之，鹰鹯之所宅也。东望恒山四成，有穷鬼居之，各在一搏。爰有淫水，其清洛洛。有天神焉，其状如牛，而八足二首马尾，其音如勃皇，见则其邑有兵。

——《山海经·西山经》

距昆仑四百里外有一座槐江山，被叫作"帝之平圃"，是天帝的花园，这座花园也有一个守护神，名为英招。

槐江山虽不是昆仑山，却有昆仑山的影子。它位于北方，向南可望见昆仑山，向西有后稷曾游的大泽，东、北两个方向上都是潜藏着鬼神的名山大川，可见槐江山所处的位置绝不普通。同时，槐江山上也蕴藏着无数金银、玉石。我们猜测，"平圃"与"悬圃"是一样的，槐江山本就是昆仑山的一部分，是天帝的另一个御花园，英招的职能就对应着昆仑山上的陆吾。

英招的模样是人的面孔，马的身体，盘绕着老虎似的花纹，背后长有鸟一样的羽翼，令他得以巡游四海，来去如风。英招、陆吾和西王母身上都有老虎的特征，应该从属于同一神明体系。马身表示他擅长奔走，鸟翼又让他自由飞翔，这说明英招不像陆吾那样坚守在昆仑乐园的大门前，而是在四海之内到处游走，就像是天帝的使者一样，将讯息传达给世间万物。

长乘

九德在身：长乘

西水行四百里，曰流沙，二百里至于嬴母之山，神长乘司之，是天之九德也。其神状如人而豹尾。其上多玉，其下多青石而无水。

——《山海经·西山经》

流沙之外，有嬴母之山，山神叫作长乘，他是"天之九德"的化身。

"九德"这个词经常在古籍中出现，《尚书》《左传》《逸周书》中都列举过不同的九种美德。除此之外，人们还把九德赋予美好的事物，如茶有九德，琴有九德，玉也有九德，实际上表现的是物品的多个优点，以此来劝谏人们学习和遵守这些品德。因此，"天之九德"应为虚指，长乘感九德之气而生，意思是他代表了所有美好的德行。

长乘的形象是状如人而豹尾。豹有两种含义，一来可等同于豹，二来指一种近似于豹的传说动物。无论取何种解释，长乘的形象都与人身豹尾的西王母非常近似。他们就像一尊大神的两副面孔，一个代表天之九德，表现的是美好；而另一个则主宰天之厉，意味着灾祸。

《水经注》中记录了一个故事，大禹渡过洮水时在水面上遇到了一个神仙——"长人"，神仙送给他一块黑玉（现多认为是墨玉书）。许多学者认为，这个"长人"就是天神长乘。《史记》认为长乘送来的不是玉书，而是玄圭——一种黑色的玉器，是天子之器。这一举动代表大禹受命于天，得到了天神的认证，于是能名正言顺地当上君主。无独有偶，传说中西王母也曾令九天玄女授予黄帝玉符，帮助他成为天子。由此可见，西王母和长乘都可以代表上天的意志，长乘之于西王母，就如同英招之于陆吾，属性相似，互为倒影一般。

仙人雨师：赤松子

赤松子者，神农时雨师也，服冰玉散，以教神农，能入火不烧。至昆仑山，常入西王母石室中，随风雨上下。炎帝少女追之，亦得仙，俱去。至高辛时，复为雨师，游人间。今之雨师本是焉。

——《搜神记》

与西王母关系紧密的不只有《山海经》里罗列的古神，还有不少闻名后世的仙人。

神和仙是两种身份。神本与鬼同源，是死去的人，却拥有人不可及的力量，与天地万物融为一体、声息相应，所以在世的人理应祭祀他们，以求取庇佑。而仙字拆开就是"山上的人"，他们远离尘世，超脱生死，逍遥自在，汇集了人们希望远离灾厄病痛的美好愿望，又是逃避险恶世俗的心灵寄托。因此，在恢宏但混乱的神话时代过去之后，志怪传奇一类的仙话大量涌现，既保有神话的奇幻色彩，又加入了部分真实历史，对人们的精神世界产生了很大的影响。

仙的起源最早可以追溯到远古时候的巫师。在普通人眼中，巫师能与天神交流，因而掌握着预知未来、改变自然的能力。早期的部落首领也兼具巫师职能，神话中的君王黄帝成了第一位登黄龙飞升的仙人，西王母的身份也从古神转变为仙界的首领与永生的象征。从此，围绕着"长生"这一核心，关于仙人的传说渐渐丰富起来。

赤松子就是仙人中很有代表性的一位。传说赤松子原本是炎帝时期的人，在朝中担任雨师的官职，通过服食水玉成仙，可以乘风踏雨、邀游四方。他曾前往昆仑山拜谒西王母，由此得以长生，在西王母的石室里歇息，随风雨自由上下。炎帝的小女儿曾跟随他，亦成仙飞升而去。到了高辛氏为天子时，赤松子再次出山成为雨师，容貌丝毫没有老去。

赤松子的传说有很多版本，流传也十分广泛、经久不衰，一直到明清之际，小说《封神演义》中仍有以他为原型的人物赤精子登场。这些传说基本囊括了古人想象中各种成仙的方式，比如吃特定的东西可以成仙：赤松子服食过水玉、柏实、火芝。通过特殊的吐纳方法可以成仙：《淮南子》认为赤松子"吹呴呼吸，吐故内新"，从而超脱形体，邀游太虚，有些类似于打坐冥想。此外还有脱离世俗规则，巫卜、炼丹等也可以成仙。

赤松子的形象尤为有趣，他并不是超然世外、飘飘欲仙的标准神仙样板，反而是"上披草领，下系皮裙，蓬头跣足，指甲长如利爪，遍身黄毛覆盖，

·一四一·

赤松子

手执柳枝，狂歌跳舞"的疯徒模样。虽然又古怪又癫狂，却能求来大雨，帮助炎帝解除旱灾的威胁，成为百姓的救星。

　　实际上，大多数传说里的仙人都是以肮脏、疯癫的形象出现在人间，既不容于上层贵族，又为世俗百姓所鄙视。传颂他们的人坚信这是对世人及仙人自己的考验，同时也是历史上一些游离在社会规则之外的群体的侧面写照。

狂人与方士

　　仙的概念主要源自人们对长生不老的追求，因此人们印象中的仙是飘于云端、不可亵渎的神圣模样，但传说中的许多仙人本身或原型都是被神化后的历史人物，这使得他们身上留存了不少世俗烟火气。历史上的两个特殊群体——隐士与方士，是最接近这类"仙人"状态的人。

　　隐士是指拥有真才实学却不愿做官的人，他们寻求平淡安恬的自然田园生活，逃避现实的政治生活。许多隐士其实也有自己的政治观念与理想，只是难以在当时的社会实现，只能遵循"君无道而隐"的原则避世而居。历史上有很多隐士都名声响亮，也往往拥有成仙的传说，其中有一个人，他的行事风格别具特色，被称作狂人。

　　楚狂接舆，他的故事在《论语》和《庄子》中都有记载。这是一个楚国的隐士，不愿入仕而佯装疯癫。一天，他在路上见到了孔子的车驾，便高歌道："凤兮凤兮！何德之衰？"在

接舆看来，在乱世中做官只会损伤高尚之士的道德。而他疯癫唱歌的模式被后来的许多神仙故事借鉴，甚至成为"点化"故事的一种模板。

　　方士这个群体在历史中更加神秘，一方面，他们宣扬怪力乱神，弄权乱政，造出不少祸患；另一方面，他们对巫卜、炼丹的痴迷又推动了诸如天文、医药、化学等学科的部分进步，还流传出许多志怪传奇。为秦始皇寻找仙药的徐福、汉武帝时期的东方朔等就是其中的代表人物。

　　方士，意为"治方之士"，"方"可以理解为学问、技术，方士就是具备一些学问、技术的人。他们起源于远古时的巫师。巫师自认可以与天神交流，因此拥有预知未来、掌控自然的能力。"绝地天通"事件以后，唯有君王可以与神沟通，占卜、观象等任务由不同的官员分管，且代代继承，成为后来的卜官、史官、医官。然而，民间的"巫风"难以禁绝，渐渐衍生出方士这一群体。

长夜中的赤星：烛阴

烛阴

　　西北海之外，赤水之北，有章尾山。有神，人面蛇身而赤，直目正乘，其瞑乃晦，其视乃明，不食不寝不息，风雨是谒。是烛九阴，是谓烛龙。

——《山海经·大荒北经》

　　在《山海经》中有一位通天彻地的大神——烛阴，他长着蛇一样蜿蜒的身躯，却拥有人的面孔，双眼竖起，不吃不喝、不眠不休。只要他闭上眼睛，世界就陷入黑夜；睁开眼睛，白天便降临；一呼一吸之间，带来冬夏变换，而呼出的气息就化作吹拂天地间的风。这就是钟山之神，也称烛九阴、烛龙。

　　这类似于创世神的能力，让许多人相信烛阴可能是古神之中法力最强、地位最高的一位，甚至把他当作了另一个我们耳熟能详的开辟大神——盘古。

　　据《广博物志》记载："盘古之君，龙首蛇身，嘘为风雨，吹为雷电，开目为昼，闭目为夜。"很明显盘古与烛阴外形接近，能力一致。《述异记》说："盘古氏泣为江河，气为风，声为雷，目瞳为电。古说，盘古氏喜为晴，怒为阴。"天上的星辰、地上的山川都是盘古身躯变化而来，一切令人敬畏的自然力量理所当然也都源于他。

但是，烛阴并不是盘古。

《述异记》说盘古有手有脚，这并不符合蛇身的特征，而且盘古神话在文献中出现的时间比起烛阴晚了至少几百年。曾有学者根据盘古神话主要流行于西南地域，以及其与印度梵天神话的相似性，认为盘古神话很有可能是从印度传入的。而烛龙的传说早在战国时期的《楚辞》中就出现了，例如《楚辞·大招》唱道：魂灵不要去往北方啊！北方有寒冷的冰山，烛龙的身体艳红发光。

由此可见，烛阴所在的地方，是极北之地，黑暗而且寒冷。烛阴、烛九阴、烛龙，顾名思义，衔烛之龙照亮黑暗之地，这是一位代表光明的古神，他只存在于特定的北方、黑暗的环境，就像一位坚忍的部落巫师，在极端困苦的环境里，为族民守护火种，传播光明。

烛龙极光

长夜中的极光

既然烛阴是北方寒夜中的光明，他眨眼与呼吸都同昼夜、季节相关，会不会是极圈内的极光现象呢？

我们知道，极点只有两种状态，半年都是白昼，可以代表春夏；另外半年是黑夜，也是无尽的冬天。这不就是烛阴的一次眨眼与一次呼吸吗？他会不会就是极夜里天上蜿蜒千里的光芒，幻化成龙蛇的模样，却如衔烛一般照亮长久的黑暗。

可是，唯有极点或极圈内才会出现极光，古人真的能够轻易观测到吗？而且极光一般以黄色和绿色最为常见，但烛龙却是红色的，实在难以将罕见的红色极光现象作为烛龙的形象来源。

地平线下的太阳

很早就有人提出了烛阴神即太阳神的观点。

烛阴的核心能力是照亮，如《天问》所说："日安不到，烛龙何照？"烛龙可以替代太阳的光芒。又如郭璞引《诗含神雾》中的一段话："天不足西北，无有阴阳消息，故有龙衔火精以照天门中。"因为没有昼夜，烛龙才会出现，很像是开天辟地后太阳的诞生故事。

但为何太阳神会身处北方地域呢？有的学者认为，这是隐喻了太阳轮回的过程。从方位上看，太阳从东方升起，经过南方，由西方落下，北方没有太阳的踪迹，自然又黑暗又寒冷了。而日出代表诞生，日落代表死亡，太阳为了回到东方"重生"，就必须在"死后"经过冥界，也就是北方的地下世界——幽都。此前我们讲过的幽都就包含了北方、地下、冥界这三个要素。

从龙凤崇拜与太阳的关系来看。清晨升起照耀大地的太阳是凤凰，光芒万丈，人们将其看作一只金乌；落入地平面以下的太阳就是烛龙，为了穿过幽暗狭窄的地府，太阳变形为细长蜿蜒的火龙。凤与龙分别代表着生与死的分界，又能够相互转化、不断绕旋，就像一对阴阳鱼组成的太极，再次形成了不灭的轮回。

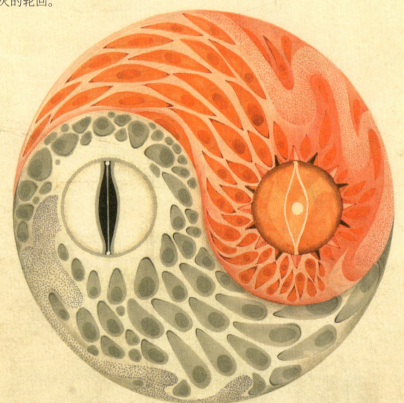

眨眼分昼夜

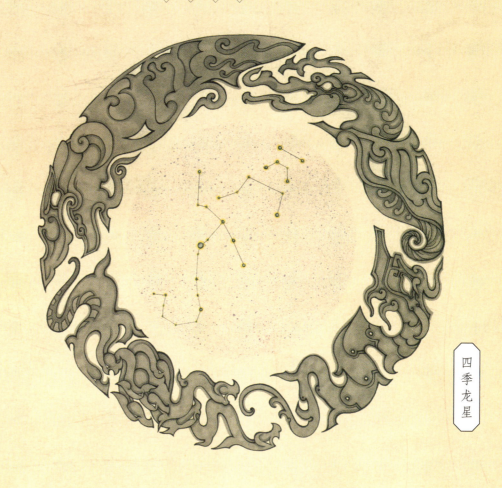

四季龙星

落日

深秋的赤龙星辰

还有一种观点，认为烛龙即苍龙星宿，而且人面蛇身的古神如伏羲、女娲、共工、相柳等都源自古人对苍龙星宿运行规律的记录。

苍是东方的颜色，苍龙七宿是东方的一组星象。

仲春时节，苍龙七宿慢慢升起，当其中的龙头——角宿出现在地平线上，即为"龙抬头"，标志着一年农业生活的开始；仲夏苍龙七宿升至正南中天，"七月流火"中的"火"就是指心宿中最亮的大火星。顾名思义，大火星呈现出的颜色是红色。烛龙所在钟山属于西北，在山海时序图中对应深秋时节，那时苍龙星宿正好运行到天穹西北，红色的大火星即将没入地平线以下，这被看作昆虫野兽进入蛰伏期的标志，也说明田中的收割已经完成，可以烧田囤肥，等待来年的春种了。

所以说，烛龙就是秋季的苍龙星宿，即将钻入地下，去照亮北方幽暗的地下世界，他所衔的火精就是大火星，因为这颗赤红的星辰，整条龙身皆被染成红色，一如地面上田间燃烧着的火龙。

古人以苍龙星宿标志季节，而星宿只能在晚上看见，所以烛阴的神话与季节、昼夜相关。而烛阴所在的地方，不论叫作幽都、钟山、章尾山还是委羽山，其实都是星宿落入地下的坐标，与日落之地昧谷有异曲同工之妙。

不论烛阴神的原型是太阳还是苍龙星宿，都遵循着固定的规律，在《山海经》描绘的世界中不断轮回，或许这就是整个昆仑神话的内在核心。

不死之蛇

除了烛阴以外，人面蛇身的神还有许多，最著名的如女娲和伏羲，他们被尊为华夏的人文始祖。一些典籍中，共工同样是人面蛇身，还有一头赤红色的头发。《山海经》记录的轩辕国的子民，皆为人面蛇身，尾巴缠绕在头上；《山海经·北山经》第一山系的众多山神，也都是人面蛇身的形象。

为什么会出现那么多人面蛇身的神呢？难道蛇有什么特殊的象征意义吗？

其实，仔细看《山海经》的文字，会发现其中记录的蛇非常多，几乎数不过来。有的神脚下踩着蛇，有的耳朵上挂着蛇，有的手里托着蛇，共工之台与轩辕之台的四角都装饰着蛇，更别提还有许多蛇形的奇异动物了。

不仅《山海经》，在许多古代典籍中，都有蛇具神异的描写，而且往往与帝王、报恩、生育、复活、女性等主题相关联，可以说，从早期一些文献中，我们能看出先民们对蛇充满了敬畏之情。这种尊崇可能来自几个方面，例如蛇有时可以代表龙，是为吉兆；蛇与生殖崇拜存在关联；等等。而其中最为突出的一个方面，可能是蛇的"不死"。

这与蛇的习性有关。一来蛇会冬眠，古人认为冬眠的动物在冬季会进入"死亡"的状态，而春天又能活过来，就好像拥有死而复生的能力一样；二来蛇需要蜕皮，就像扔掉旧身体一般，又获得了新的生命。人们钦羡蛇的不死之身，甚至到了嫉妒的境地，在许多民族的神话中，都能看到蛇担任了偷取不死药的坏蛋角色。

同时，蛇的不死属性又让它与昆仑山联系紧密。《元中记》记载，昆仑山周围有一条九万里长的巨蛇盘绕，它能把头伸到沧海中饮水捕食。《博物志》说员丘山上有不死树，又多大蛇。《山海经·海内北经》开篇写到一座蛇巫之山，又名为龟山。员丘山与龟山都是昆仑山的别称，那么蛇巫之山也就等同于昆仑山了。

太阳崇拜：帝江系

帝江

又西三百五十里，曰天山，多金玉，有青雄黄。英水出焉，而西南流注于汤谷。有神焉，其状如黄囊，赤如丹火，六足四翼，浑敦无面目，是识歌舞，实为帝江也。

——《山海经·西山经》

天山距离昆仑之丘三千多里，其上居住着天神帝江。

帝江的外形如同一个金黄色的口袋，发出赤红色的光芒，他长着六只脚、四只翅膀，没有面孔或眉眼，只有一片混沌的身体，却能够听见人们唱歌，看见人们跳舞。

根据帝江的外貌描写，可以总结出他的几点特征：圆形，红色，翅膀和足代表能飞行移动，还没有面容。这不就是太阳吗？

古人相信"万物有灵"，一年四季都会举行祭祀山川、社稷、日月星辰各类神灵的仪式，仪式上人们会献上专门取悦神灵的歌舞。帝江虽然没有面目，但能识歌舞，说明古人相信太阳神能够享受他们祭祀时的载歌载舞，并作出回应。

帝江

另外，帝江身上还透露出显著的鸟类特征。首先，帝江也叫作帝鸿，鸿在古文中一般指大雁。而《山海经》经常提到的天帝帝俊，俊的古字"夋"，其甲骨文构形也是鸟形。不仅如此，太阳还被称为金乌，又叫三足乌，联想帝江的六足四翼，似乎正是两只金乌的合体，这更说明帝江是太阳的化身。

太阳的能量滋养了万物，人类早就直观地认识到，太阳是生命的主宰。因此，太阳神是人类塑造出的最早的神之一，太阳崇拜也是在世界神话中共存的母题。古人眼中世界是由神明创造的，神创世界的标准是基本秩序的建立，而最简单、最基础的秩序就是太阳的升起与落下。因此，在许多文明的神话中，太阳神即创世神。

为什么太阳的化身常常是鸟类的形象呢？或许是因为鸟类可以飞向高空，在古人看来是距离天体最近的动物，而且许多鸟类的行为模式都与太阳的运行有关，比如公鸡在日出前打鸣、候鸟随季节变化迁徙等。除此以外，鸟类华美的羽毛、特殊的习性和鸣叫都带给人们许多启发，人们自然会将它们神化了，例如《山海经》里的许多鸟类都有灵性：鹞鸟可以管理天帝的服饰；黄鸟能在巫山看管玄蛇；三青鸟担任为西王母取食的职责；鸾鸟与凤鸟懂得歌舞，还能令天下太平富足……这些都让人不由得感叹，它们已经超越了真实动物的身份，变成了天神的化身。

人们把太阳看作是金乌、凤凰这样的神鸟，通过神话与诗歌赞颂它们，以此感恩太阳赐予的光与热。"神说，要有光。"这被看成神创世界的起点，古人们常有相同的思维，认为光明与黑暗的交替就是一切秩序的源头，那么天地的开辟自然也始于混沌中的太阳。

古人想象中的宇宙，在未开辟以前是黑暗、无序、模糊一团的状态，称作混沌。盘古打破了这个状态，塑造了天和地，并化身为日月星辰、山川河流，才有了我们现在看到的世界。因此，开辟神话意味着从无序走向有序。

庄子的寓言中有一篇专门讲混沌，说中央之帝混沌本来是没有面目的，他的两个热心朋友每天帮他打开一窍，七窍都打开时混沌却死去了。这个故事中的混沌就是帝江神，他被称为中央之帝，显然是地位崇高的大神，为他开窍的过程也隐喻着打破无序的状态，建立新秩序，创造新世界。

可是到了《左传》中，帝鸿与混沌被一分为二，成了两个截然相反的形象。帝鸿氏为贤德古帝，而混沌成了帝鸿的不孝后裔，彻底变成了浑浑噩噩的凶兽、恶人的代名词。但我们究其源头，混沌是世界的原点，孕育了无限的生命，称其为"帝"也是恰如其分的。

落日晚霞：红光

又西二百九十里，曰泑山，神蓐收居之。其上多婴短之玉，其阳多瑾瑜之玉，其阴多青雄黄。是山也，西望日之所入，其气员，神红光之所司也。

——《山海经·西山经》

泑山位于天山以西，从这座山能看到日落之处。

此山蕴藏美玉，金神蓐收居住在此。蓐收属于四方神、四季神的行列，代表西方、秋季，五行属金，在《月令》中与五帝之一少昊相配，拥有十分崇高的地位。可能出于这个原因，袁珂先生在《山海经校注》中认为红光神即蓐收。作为西方神，蓐收掌管着太阳落下的地方，同时作为金神，也如西王母一般掌握刑杀的职责，引导太阳进入"死亡"的地界。红光之神就意味着管理落日。

然而我们仔细审视原文，最后一句话的意思是：从泑山向西望，能见到日落之地，那里的气象呈圆形，是红光之神所管理的。

红光神所管理的，究竟是日落之地还是落日气象呢？其实，透过红光这个名字，非常直白地展示着夕阳沉入地平线时呈现的景象，残阳如血，四野皆晦，唯有日落处留有红光。在凡人的眼里，这种现象足够奇异、神圣，唯有神迹可以解释。红光神，应该就是落日的景象，是太阳神的一种形态。

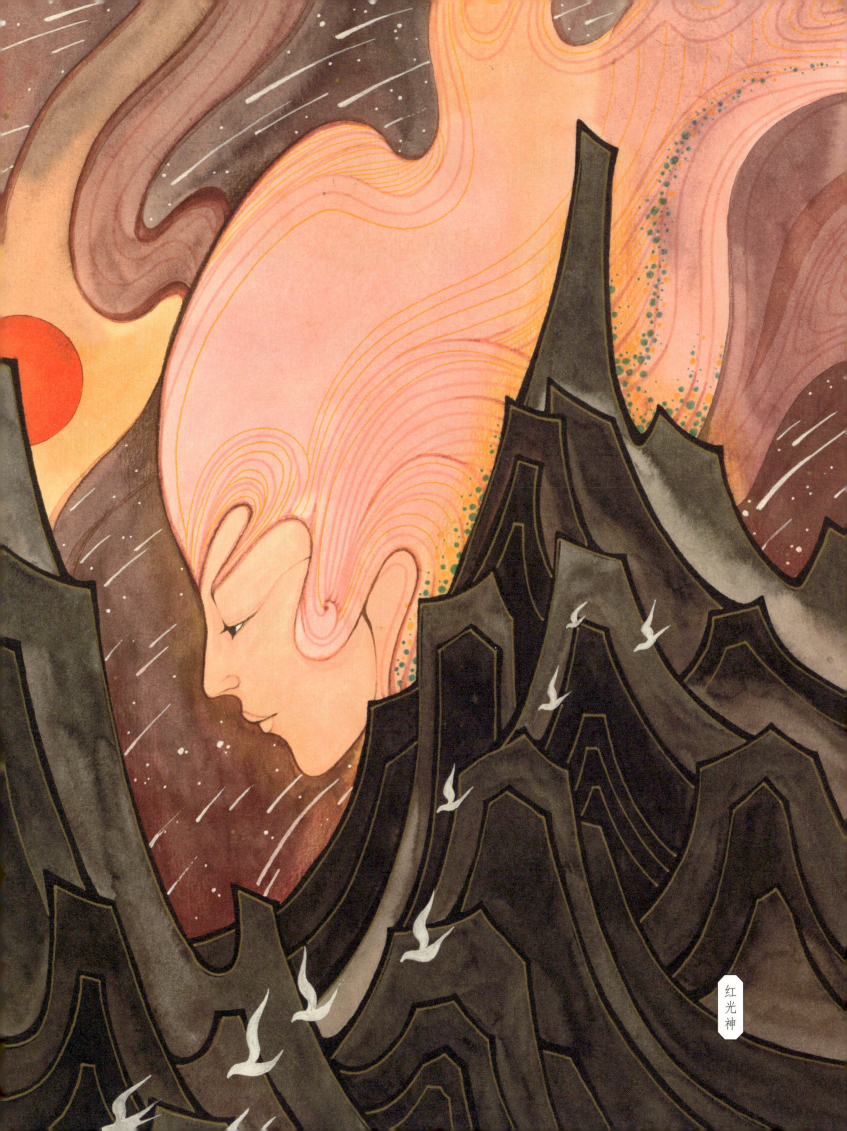
红光神

表木

高
台
日
影
：
员
神
磈
氏

又西二百里，曰长留之山，其神白帝少昊居之。其兽皆文尾，其鸟皆文首。是多文玉石。实惟员神磈氏之宫。是神也，主司反景。

——《山海经·西山经》

员神，也就是圆神，应该指的也是太阳。他所司掌的"反景"很有意思，"景"就是太阳照射下各种事物的阴影，因为太阳从东边升起，所以影子总是先朝向西边，然后慢慢转向北方，直到太阳运行到中央，随后影子便倒向东方，和最初时候相反，所以叫作"反景"。

管理影子这事儿令人费解，何况还是特定时间段的影子，难道在古人眼中，影子朝向的转变也是天神用法力给拨过来的吗？

其实我们可以先想一想，影子的朝向对古人来说有什么用？这就让人不禁联想到古时候的钟表——日晷。想象一下，古人请客吃饭、上班、上学是如何规定时间的呢？这就涉及对一天时间的划分，我们现在是一天24小时，古人是一天100刻。

日晷是用一根针穿过圆形的石板做成的仪器，石板上刻有100条线，根据指针投下的影子长短、方向的变化，就能分辨时间。古代除了日晷，还有圭表，也是利用影子来辨别时间。人们发现，树木的影子不仅在一天内有变化，在不同季节的正午也是不同的，只要将一根长杆立在地上，找到正午时影子最短和最长的日子，就能确定夏至和冬至了。

"磈"字意为高峻，主要用于形容山石的形态，从磈氏的名字透露出，他从属于居住在高山上的族群。在古代，观测天象的地点被称为"台"，自然指的也是高处。那么员神磈氏所代表的不是一位神，而应是世代观察太阳、记录表木阴影的长短和方向的人们，因为与太阳紧密关联，最终被人们尊奉为神。

太阳英雄：后羿

太阳神崇拜是人类各大文明共有的现象，但奇怪的是，中国神话中却有后羿射日的故事。为何太阳神是可以被杀死的呢？这与后羿的身份有很大的关联。

要确定后羿的身份，就需要全面地收集他的传说故事。然而，后羿射日只是冰山一角，有关后羿的传说还包括取代夏政权、降服六大妖兽、昆仑山求药以及嫦娥奔月等。这些传说如同一块块碎片，零星地分布在不同的史书与神话当中，让人分不清真假和先后，也难以概览全貌。而传说的纷杂又导致后羿这个人物的形象极不统一，他的身世、身份、事迹、结局都扑朔迷离，令人难以分辨；以至于产生了一种"偷懒"的观点，把后羿的形象拆分开来，当作了不同的三个人。

在文献中，后羿的名称有"羿""后羿""夷羿""大羿"等不同写法，人们将后羿视为射日的神话英雄；

夷羿作为有穷部落的暴君首领；羿或大羿则是人间的善射者，被自己的徒弟逢蒙所杀，死后变成了鬼的统领——宗布神。

但这种方式并不能清楚地分割后羿神话，反而令读者更加混乱，因为当后羿一分为三，与之对应的后羿之妻——嫦娥的形象也分化成了三种：月神、嫔妃、普通人。这些身份彼此纠缠，简直像一团乱麻，让研究者挠破头皮。

为了完整讲述后羿的故事，这里采用叶舒宪先生在《英雄与太阳》一书中对后羿神话的重构，他开创性地从比较神话原型的角度，将后羿神话与吉尔伽美什史诗放在一起对比，并通过《天问》中留存的证据将后羿神话增补完整。在他看来，后羿是一位"太阳英雄"，他的一生对应着太阳升起、落下、轮回这三个阶段，表现了古人对生、死和永恒的理解。

后羿

一神三身

金乌

在民间传说中，太阳共有十个，它们都是天帝的儿子，每天由母亲羲和赶着六龙金车接送一个太阳去值班。可有一天，十个太阳无视了排班顺序，一起跑出来玩，过于剧烈的阳光引发天下大旱，人和动植物都快热死了。这时，帝尧就派出善射的后羿，用弓箭射下了其中九个太阳，从此仅剩的一个太阳只能规规矩矩地坚守岗位，而后羿也成了人间的大英雄。

但在《山海经》里讲的可不是这么回事。据《山海经·海内经》记载："帝俊赐羿彤弓素矰，以扶下国，羿是始去恤下地之百艰。"这句话的意思是，作为天帝的帝俊赐予了后羿红色的弓与白色的箭，让他到凡间去救助困苦的百姓。换言之，后羿是天帝从天界派到凡间去的，那么他本来的身份，应该是一位天神。

屈原的《天问》里也有类似表述："帝降夷羿，革孽夏民。"这个"降"字既可以说明后羿从天到地的下凡行为，也可以解释为天帝对后羿的处理是降级、贬谪。而在《天问》的一系列问题中，后羿射日故事的发生远早于"帝降夷羿"，那有没有可能，后羿不是以人间英雄的身份射日，而是在天界时，就射杀了九只金乌。他射杀金乌不是为了平息灾难，而是夺嫡争位，因为后羿本身就是其中一只金乌？

"羿"字从羽，本义是大鸟盘旋的模样，而太阳光芒经常被比喻为箭，所以弓箭在众多文明中都是太阳神的标志。有学者认为，后羿显然拥有太阳神（金乌）的神格，他杀死九位兄长的行为也符合古时候流行的幼子继承制度，这个故事遵循了神话的逻辑。

正因射杀兄长的行为，天帝剥夺了后羿的神位，将他贬谪为凡人，再也不能永生，将来要遵循自然规律走向死亡的终点。来到人间后，后羿获得了他的第二个身份——国王。

暴君

"帝降夷羿，革孽夏民。"

《山海经》中的帝俊明明让后羿去人间扶助黎民，为何到了《天问》中，后羿却成了"革孽夏民"，即取代夏朝的政权，奴役、祸害百姓的暴君了呢？

实际上，后羿履行了天帝交给他的任务。据《淮南子》记载，他降服大风、窫窳、九婴、修蛇、凿齿、封豨六大凶兽，实实在在地为百姓做了好事，加上他是从天而降的谪神，人们将他奉为首领是很自然的事。就像苏美尔史诗中的吉尔伽美什一样，在君权神授的时代，国王拥有天神血统的设定十分常见。

赎罪者

后羿之死历来是个谜团，有说他是被寒浞与纯狐（即嫦娥）共同谋害的；有说被徒弟逄蒙偷袭杀死的；也有说他是被夏王少康率兵击败，从而丧命的。这其中有历史的成分，也有神话的成分，

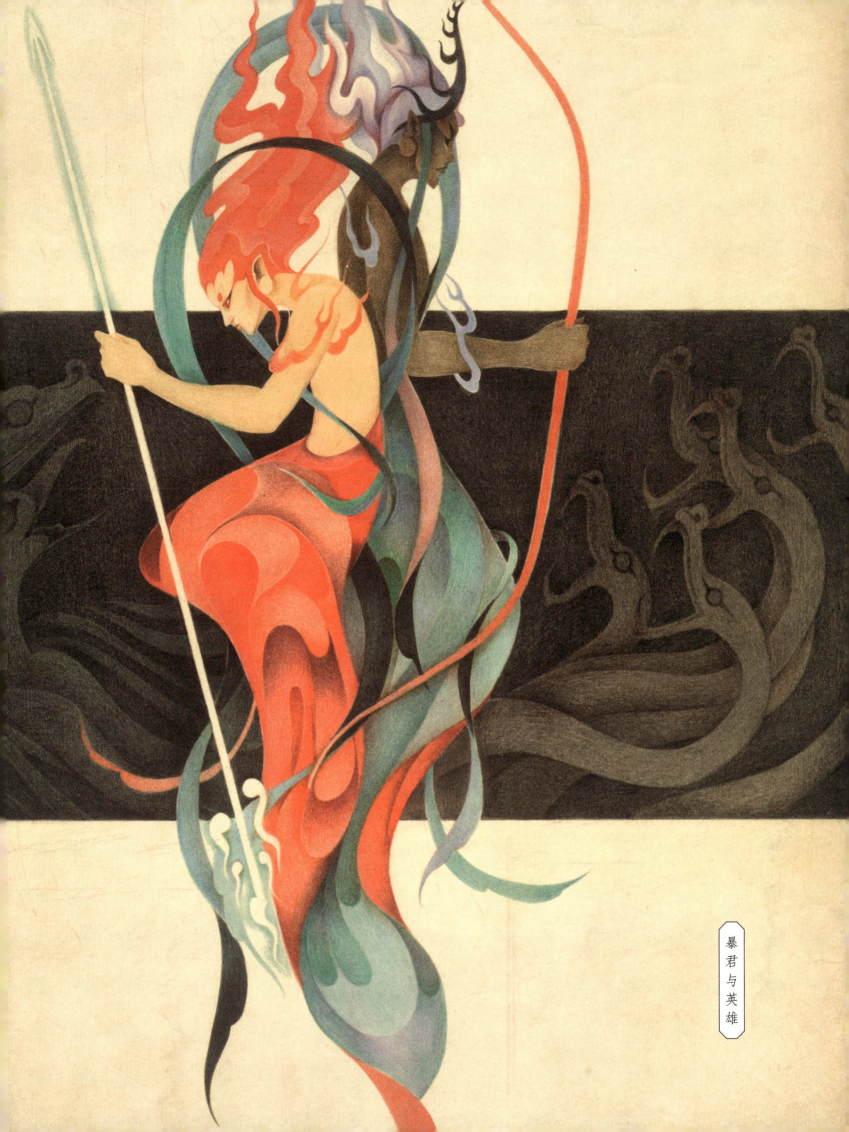

暴君与英雄

后羿除六凶

在本书中我们仅关注神话的部分。

后羿的敌人，如寒浞、逢蒙、河伯，他们的名字有一个共同的特征，即象征着寒冷和幽暗，这与太阳神的属性截然相反。天上的太阳在落下时，会逐渐隐没光芒，世界走向冷却和黯淡。故事中的后羿注定会成为一轮落日，被黑暗和寒冷吞没。

为了躲避死亡终点的来临，后羿决定西行昆仑山，向西王母求取不死药。在这条艰险的道路上，他必须克服万难，重新证明自己的神性，获得天神的宽恕，方能到达圣地，获取永生的馈赠。这就是为何《山海经》所记录的昆仑山八隅之岩是"非仁羿莫能上冈之岩"了。

后羿降服的六大凶兽中，窫窳生活在弱水中，而凿齿则驻守于"寿华之野"，这两个地点都在昆仑山外围，也就是说，凿齿和窫窳很可能是看守昆仑山入口的守卫。也许后羿降服凶兽的事迹并不是发生在他称王以前，而恰恰是在他走上赎罪之路后，为了到达昆仑山而踏上的，如同希腊神话中赫拉克勒斯建立十二功勋那样的旅程。

死亡与永生

太阳会死亡吗？标准答案说太阳的寿命大概是 100 亿年，现在刚过了一半，太阳还有 50 亿年的寿命，而人类的历史只有 300 万年左右，这样对比起来，目前人类还不需要为太阳担心。可是几千年前的古人为何就创作了太阳死去的故事呢？因为他们每一天都会看到太阳从无到有、从有到无的过程，就像经历它的一生一样。

后羿的原身是金乌，也就是太阳，他必然会走向太阳的终点——落山。《山海经》中有个地方叫作羽渊，也写作羽山、委羽山、虞渊等，这是太阳落下的地方。很多人以为羽渊的名称源于群鸟在此更换羽毛，实际上"解羽"正是鸟类的死亡方式，这只鸟对应的就是金乌，所以说，羽渊是太阳的死亡之地。

醒悟过来的后羿试图自救，却依照既定的轨迹向西行去。虽然他通过了西王母的考验，得到了不死神药，却被他的妻子嫦娥偷取，随即奔月而去，徒留后羿望天兴叹。在一些古代壁画中，嫦娥曾以人身蛇尾的模样出现，这是因为她担任了窃药者的角色，与之前章节中提到的不死之蛇为同等的符号。同时，作为女性和月神的嫦娥本身就是阴性力量的代表，被她战胜也是太阳结局的侧面体现。

月神嫦娥作为阴性力量的代表者升空而去，昭示着作为太阳神的后羿即将陨落，最终金乌发出哀鸣，后羿难逃死亡的命运，和他的兄长们一样解羽而亡，堕入羽渊。

然而，太阳落山的"死亡"并非终点，只是轮回的一部分。古人在目睹太阳沉入地下，光明消失之后，又会在第二天早晨迎来它的重生。

后羿死后，并没有就此消亡，而是重新变成了神——宗布神。宗布神属于鬼神，和度朔山桃树下的神荼郁垒职能相似，总是牵着老虎检阅百鬼，可见后羿又回到了太阳运行的起点。宗布神也被纳入了祖先崇拜的体系中，《淮南子》有云："羿除天下之害，死而为宗布。此鬼神之所以立。"后羿做出的贡献与炎帝、大禹、后稷并列，为后人所敬爱纪念。他的传说经过了生—死—生的完整历程，是古人逐步建立生死观念的体现。

后羿的陨落

叶舒宪先生在《英雄与太阳》中认为《楚辞·天问》从"帝降夷羿，革孽夏民"到"大鸟何鸣，夫焉丧厥体？"之间的内容完整描述了后羿在人间的经历轨迹，他的解读与目前通行的一些解释不太一样，因此我们根据他的解读简要翻译一下该段内容。

羿焉彈日？鸟焉解羽？   后羿如何射落九日，日中金乌如何解落羽毛？

……   ……

帝降夷羿，革孽夏民。   天帝派遣夷羿下界，取代了夏朝的政权。

胡射夫河伯，而妻彼雒嫔？   他为何射瞎河伯，夺取了河伯之妻洛神？

冯珧利决，封豨是射。   使用精致的弓与指套，追赶射杀大野猪。

何献蒸肉之膏，而后帝不若？   但为何将肥美的肉食进献上天，天帝却不愿接受？

浞娶纯狐，眩妻爰谋。   寒浞与纯狐暗通，合谋将羿杀害。

何羿之射革，而交吞揆之？   为何羿明明英勇地能一箭射穿七层皮革，却中了寒浞二人的诡计？

阻穷西征，岩何越焉？   西行之路艰险，如何度过重重山岳？（寻找昆仑山的道路）

化而为黄熊，巫何活焉？   变化为黄熊，陷入死亡状态，巫师为何要将他复活？（寻求赎罪）

咸播秬黍，莆藋是营。   种下的明明是黑黍，为何长出的却是芦苇？（说明未得原谅）

何由并投，而鲧疾修盈？   同样犯下罪恶，为何鲧罪大恶极？（表示后羿获得了宽恕，而鲧没有）

白蜺婴茀，胡为此堂？   嫦娥披上白虹，为何盛装打扮？

安得夫良药，不能固臧？   为何后羿得到了不死药，却未能保存？（嫦娥偷药）

天式从横，阳离爰死。   无法逃出自然的法则，阳气离体，后羿面临死亡。

大鸟何鸣，夫焉丧厥体？   金乌（后羿）发出哀鸣，最终为何解体而亡？

——《楚辞·天问》

洛神

可怕的洪水记忆：共工系

曾经有一场超大洪水，吞没了地球上所有的高山、峡谷和平原，人类和动物大量死去，只有极少数的人藏在一个船舱里得以幸存。洪水退后，这些人回到陆地，重新繁衍生息，新的创世纪开始了……

在世界各地，类似的大洪水神话被以不同的语言讲述，代代相传，这可能源于史前一次全球性的冰河解冻所造成的惨烈印象，以至于在人类的基因中刻下了永久的恐惧印记。当然，洪水灾害普遍存在于世界各地，所以才会在众多文明中都留下相似的传说。

大洪水摧毁了一切，却也催生新的文明与秩序。洪水神话正是人类历史上的一个个节点，既代表了灾难与毁灭，又是新时代的起点。这就是洪水神话的两面性。

中国的洪水神话中最具代表性的是大禹治水的故事，它就像一道分水岭，把我们的神话时代一分为二：之前是迷雾笼罩、众说纷纭的神荒时代，诸多古帝族名参差交互，既无人神之辨，也无时间概念；此后则有九州之分、气象年代可考，更重要的是人们共同相信这是真实发生过的事情，对自然现象的认识、规律、观念可能就此确立，世代传承，因此能够古今相通、共情。

共工

在中国传统的"天人感应"学说中，天灾必然对应人祸，人的行为违背了天意，才会导致灾祸降临。于是，我们的大洪水传说要归咎于一个古神——共工。

共工脾气暴躁，与颛顼争夺帝位失败后，愤而撞断不周山，导致天倾西北、地陷东南。这个故事解释了古代地势如何形成，且常常与《淮南子》记载的"舜之时，共工振涛洪水，以薄空桑"联系起来，使人认定是共工撞山引发了洪水，共工也因此被理解为洪水的化身。有的学者还提出共工之名源自"洪江"二字，他是人们将洪水灾害人格化以后创造的形象。

但共工的身份远不止水神一个，他还是古代部族首领，尧、舜的大臣，这是中国神话人物的一大特点，即"神下地，人上天"，神有人性，人有神格，无法简单判断一个人物的源头究竟是人还是神。共工的身份历来有不少争论，总的来看，有水神说、部族说、官职说等。共工存在的时间很长，有关三皇五帝的史书上常常出现他的身影：他是有"水德""以水纪"的贤君，与神农、伏羲同列；又是尧舜时代的重臣，因治水不力，被舜帝流放到幽州。

奇怪，为什么水神共工都治不好水呢？《国语》中记载他治水的方法是"壅防百川，堕高堙庳"，也就是和鲧一样，只堵不疏，结果便是"以害天下"。

明明共工是战败者，甚至有故事说他死后化身成了凶兽穷奇，但昆仑山范围内仍建有纪念他的高台，规格与黄帝的轩辕之台相同。人们不敢朝共工之台拉弓，足见对他的敬畏之心。这又是为什么呢？

说来十分有趣，共工不只是颛顼帝的敌人，他与神话中身具创世职能的古神几乎都发生过冲突，因为他们也都治理过洪水。

在女娲补天的故事中，女娲做了四件事："炼五色石以补苍天，断鳌足以立四极，杀黑龙以济冀州，积芦灰以止淫水。"这四件事奠定了天地的秩序，可视为一种创世神话，其中"杀黑龙"与"积芦灰"就是在对抗洪水。

黄帝战蚩尤，蚩尤令风伯雨师掀起狂风暴雨，黄帝只好请来旱神女魃，令雨水停息。过多的风雨当然会导致水灾，请来旱神被视为一种巫术行为，但止雨救灾与治理洪水的根本目的是一致的。

据《史记》记载，黄帝之孙颛顼杀共工以平水害，到了尧、舜在位时，洪水又卷土重来，经过鲧、禹两代人治理，才终于平息。《山海经·大荒北经》中有"禹攻共工国山"，就在不周山附近，可见大禹也曾和共工正面作战，并取得胜利。

远古时代，大洪水屡次发生，共工作为洪水的化身，会不断地死而复生，卷土重来，也由此催生出一代又一代救民于水火的创世之神。

那么共工是众神和人们的永恒之敌吗？也不是。农业社会的发展高度依赖水源，但是水多了会泛滥成灾、淹死人畜；水少了又会形成旱灾，也是要饿死、渴死人的。甲骨文中记录了各式各样的祈雨仪式，结合《山海经》中无数"见则大水"的异兽、"出入有风雨"的古神，我们可以体会到古人对水爱恨交织的心态。

正是出于这个原因，共工的形象才是圣君与罪臣的结合体。

共
工

共工神格的猜想

除了是洪水之神，共工还有其他的身份，例如土地神、土工神、星宿神。

从《国语》对共工治水失败的记载可以看出，共工有主持工程的经历。共工的后代句龙继承了他的职务，以擅长治理水土而被尊为"后土"神，即社稷之中的社神，从此共工家族拥有了土神属性。

还有一些学者根据共工的形貌——人面、蛇身、红发——与烛阴的特征非常相似，提出这类人面蛇身的古神属于同一事物的不同化身，那就是天上的苍龙星宿。共工是冬季的龙星，因位于北方，北方属水，故而被称为水神。共工本身是星宿神话的产物，用于指示季节，而冬季正是需要营建宫室、加固堤坝的时节，所以才会与治水神话扯上关系。

古代农业社会极度依赖水资源，涌现了一大批水神。现在人们比较熟悉的有四海龙王，在古代小说《西游记》的描述中，甚至一口井内都有一个井龙王。历史人物经过演变也能够成为水神，如妈祖、涛神伍子胥等。《山海经》记录的水神就更多了，江涛中有河伯；四海各有海神，如北海神禺彊、西海神弇兹、南海神不廷胡余等；还有负责降雨的雨师和应龙，显示出古人对于水的敬畏与重视。

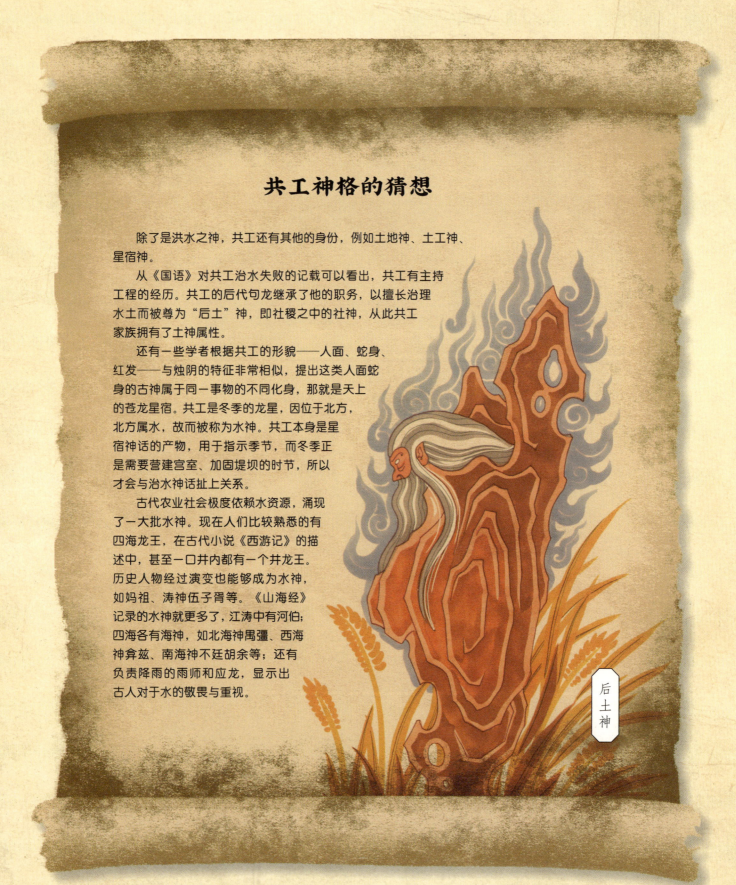

后土神

·一〇·

共工之臣：相柳

共工之臣曰相柳氏，九首，以食于九山。相柳之所抵，厥为泽溪。禹杀相柳，其血腥，不可以树五谷种。禹厥之，三仞三沮，乃以为众帝之台。

——《山海经·海外北经》

相柳是共工的臣子，他长着九个脑袋，可以同时从九座山上摄取食物。身躯似蛇，凡是他到达的地方，都会变成水泽或溪流。大禹为了平息洪水，杀死了作怪的相柳。相柳的尸体腥臭难闻不说，被他鲜血浸过的土壤也遭到污染，再也不能种植五谷。对于依赖农业而又无力抗击天灾的古人来说，相柳真是噩梦般的存在。

相柳死后，灾难并没有结束。大禹本想填平被相柳之血污染的地方，却不断遭遇塌陷，似乎相柳之血对土地的腐蚀影响仍在不断扩大。无奈之下，大禹将那片土地挖成一个巨大的湖泊，用挖出来的泥土铸造了众帝之台。也许，昆仑山上的共工之台也是在此时建造的，目的就是镇压住相柳，令他不得再作恶。

大禹杀死相柳的传说，应当是人们战胜洪灾的一层隐喻。大禹治水时采取疏堵结合的方法，导引水流，同时也会填平洼地。但填平之处却多次塌陷，人们便认为这是相柳之血毁坏了土地。古人常常将一些突发的异常现象归为神明或妖魔在作怪，只要平息神怒，或者杀死兴风作浪的妖怪，就能解决灾难，这在我们的神话中十分常见。

突然来袭的暴风毁坏房屋，砸伤人畜，而且可能带来异常的降水，导致田地受损。人们便想，一定有一只巨大的怪鸟扇动翅膀，掀起了狂风，这只怪鸟就叫作大风。凡人不能抵抗它，但拥有神力的后羿可以，《淮南子》记载，后羿"缴大风于青丘之泽"，大风被抓住后，肆虐的暴风自然就停止了。

还有淮涡水神无支祁的传说，同样是把江淮泛滥的原因归到一个猿猴模样的水怪身上，大禹治水时抓住了它，用一根铁索将它锁在龟山下，希望从此淮水都能平稳入海，再也不会出现怪风怪雨、惊涛骇浪。

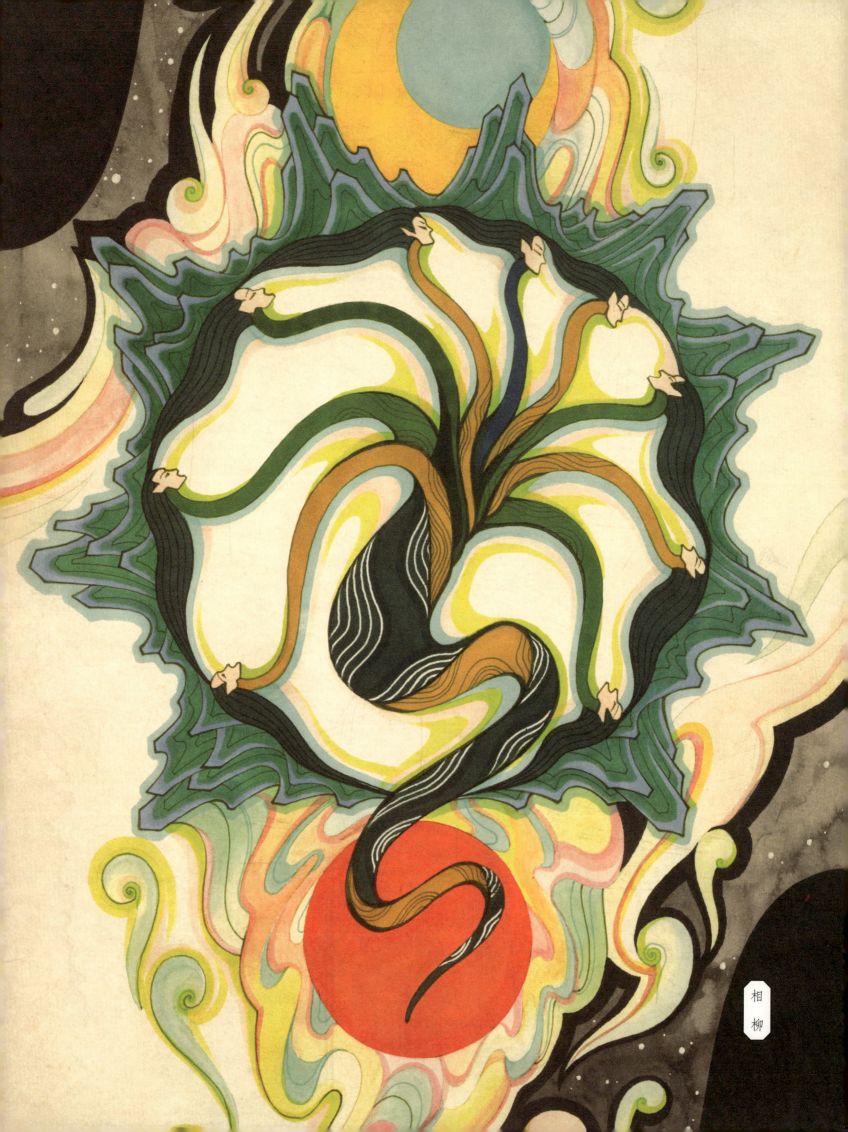

相
柳

五帝与五行：黄帝系

神话是一个民族历史的起点，而黄帝的故事称得上是中国上古神话的起点。

在此之前，天地玄黄，宇宙洪荒，"混沌"不仅仅是天和地混杂在一起的状态，还可以指人的精神状态处于蒙昧未开化的阶段，或者说，跟野兽差不多。黄帝在位期间，种百谷、兴水利、制衣冠、造舟车、制音律、重医疗，文明的曙光就此出现，因此黄帝被奉为中华民族的人文始祖之一。

《史记》以黄帝作为华夏历史的开端，介绍黄帝姓公孙，名轩辕，为少典部落的后裔，生而神灵，长大后击败蚩尤，接替神农氏成为天下的主人。自他以后，颛顼、帝喾、尧、舜、禹等帝王，基本都在黄帝世系之中。

黄帝是西王母以外，与昆仑山联系最紧密的一位神话人物，他的许多光辉事迹都发生在这一方神山之上。

黄帝是一位神话人物，如果要让他加入一个组合，我们可能最先想到的是三皇五帝。但就黄帝神格的来源而言，他更应该属于五方帝的体系。五方帝指的是东、西、南、北、中五个方位的天帝，这是从五行观念发展出来的。

我们所熟悉的五行是金、木、水、火、土，它们又与颜色（白、青、黑、赤、黄）、方位（西、东、北、南、中央）、季节（秋、春、冬、夏、季夏）等对应，再与五帝和五神配合，形成了完整的体系。

五方	五行	五色	五帝	五神
西	金	白	少昊	蓐收
中	土	黄	黄帝	后土
北	水	黑	颛顼	禺彊
南	火	赤	炎帝	祝融
东	木	青	太昊	句芒

西方蓐收

又西二百里，曰长留之山，其神白帝少昊居之。其兽皆文尾，其鸟皆文首。是多文玉石。实惟员神磈氏之宫。是神也，主司反景。

————《山海经·西山经》

在我们的印象中，昆仑山地处西北，那么首先要讲的自然是代表西方的少昊与蓐收。

少昊既为白帝，理应对应西方，可奇怪的是，在《山海经·大荒经》四篇文献所组成的世界中，有关少昊的记载并不存在于《山海经·大荒西经》，反倒分散在其他的三个方向：《山海经·大荒东经》中有少昊之国，位于东海大壑以外，传说少昊在此抚养了北方帝颛顼，并遗留下自己的琴瑟；《大荒南经》又有少昊之子倍伐谪居的缗渊，以及其中四方之水俊坛；《大荒北经》里还有威姓的一目人，也是少昊的后代。

少昊，也写作少皞，他在历史上被认为是东夷部落首领太皞（伏羲）的继承者，所以他在大荒世界中位于东方是合理的。那他怎么又变成西方之神了呢？

据《礼记·月令》记载："孟秋之月……其帝少皞，其神蓐收。"少昊也称金天氏，人们相信他是具有金德的古帝，因为金在五行中配于西方，所以把他定为西方天帝。但在一部分历史研究者看来，少昊是真实存在过的历史人物。在几千年前，少昊接替了东夷部落首领太皞的位子，并带领族人迁居到了西方，但仍然保留着东夷部族的神话与习俗。

与少昊相对应的西方之神是蓐收，他也被称作金神。

又西二百九十里，曰泑山，神蓐收居之。其上多婴短之玉，其阳多瑾瑜之玉，其阴多青雄黄。

——《山海经·西山经》

蓐收居住在距离昆仑山三千里外的泑山，相比少昊的长留之山位置更靠西方。在《山海经·海外西经》中有蓐收样貌的记录：左耳戴着蛇，脚下踏着两条龙。同样见于《山海经·海外经》的其他三个方位神的模样基本统一，东方句芒是"鸟身人面，乘两龙"；南方祝融是"兽身人面，乘两龙"；北方禺彊（即玄冥）是"人面鸟身，珥两青蛇，践两青蛇"。根据这些描述，我们推测四方之神的外貌是有共性的，蓐收虽并无人面的描述，但依照他左耳戴蛇的特征，他应该也拥有一张人的面孔。

五方神中，唯有后土没有外形上的描写，这是否可以表明，作为第五方位的中央神后土，是晚于四方神而立的？至少在《山海经》呈现的世界中，四方之神的体系已经非常完备，而五方神、五帝体系则还处在演进当中。

中央后土

又西二百里，曰符惕之山，其上多棕枏，下多金玉。神江疑居之。是山也，多怪雨，风云之所出也。

——《山海经·西山经》

符惕之山在长留之山的西面，树木繁茂，矿藏丰富，也是一处神居之所。这座山上经常出现无端的风雨，云雾变幻，似乎都是因天神江疑在此而引起的。

古人见到反常的气象，往往归结为神灵的活动，《山海经》中常见一些山神或奇兽，引动天地之气，出入有怪风怪雨，或者发出光芒。江疑带来风云变化，并不奇怪。

不过《西次二经》所记录的山脉非常特殊，包括昆仑山在内的一众神山神水，以及相应的天神、动物、故事等，一同组成了"昆仑区"。这其中的许多山川都能与《大荒经》所记载的景象对应上，因此，江疑的身份或许并不简单。

从江疑的名字入手，显然他与水有关，加上引动风雨的特征，令人不免联想到另一位水神——居住在从极之渊的冰夷。冰夷，就是河伯冯夷，江疑的名称发音与其也有相似之处，会不会是同一位神明呢？

从极之渊在昆仑山附近，符惕之山也在昆仑区范围之内。要知道，昆仑山是天地之中，也就是整个世界的正中，从极之渊也叫忠极之渊，喻示着它是世界中极，那么居住在此的神就应该是中央之神。冰夷的模样也是人面、乘两龙，完全符合四方神的特征，那么他就可能是从四方神体系中衍生出来的第五方位之神——中央后土。

另外，也许有人会疑惑，江疑（或说冰夷）明明是水神，怎么会符合五行中的土呢？其实上一节提到，《山海经》世界是建立在一个完备的四方神体系上，向着五行学说的体系发展的，《海内经》记载后土神句龙是水神共工的后代，可见五行的属性尚处于一种流动的状态，其中或许还隐藏着更多的谜题，等待人们进一步探查。

河伯冰夷

北方禺彊

东海之渚中，有神，人面鸟身，珥两黄蛇，践两黄蛇，名曰禺䝞。黄帝生禺䝞，禺䝞生禺京。禺京处北海，禺䝞处东海，是惟海神。

——《山海经·大荒东经》

《庄子》里讲过一则寓言故事，河伯自以为汇聚了天下之水，正骄傲自大，见到了宽广无限的大海，顿时意识到自己的狭隘无知，在海神面前表达了自己的羞愧。与河伯对谈的正是北海海神若，在《山海经》中他的名字叫做禺彊（同禺强、禺京等）。

四篇《海外经》的最后一句话，是对四个方位神的介绍，例如《海外南经》的最后一句是"南方祝融，兽身人面，乘两龙。"同理，西方的是蓐收，东方的是句芒，而北方的就是禺彊。

北方禺彊，人面鸟身，珥两青蛇，践两青蛇。

——《山海经·海外北经》

北方属水，作为北方神的禺彊是北海之神也不奇怪，不过在《大荒经》的世界中，画在最外围的神像有一个固定的句式表述："× 海渚中，有神……"于是，又出现了四海海神体系，即北海禺彊、东海禺䝞、南海不廷胡余和西海弇兹。

因为禺彊处在两个系统之中，后世的人们想要区分四方神与四海神，于是把北方神的名字改成了玄冥。玄冥两个字代表了黑色、晦暗，是北方与冬季的直观写照。随着五方神体系的确立，玄冥替代了禺彊，成为冬神、水神、海神与北方神。

从《海外经》的行文可以很明确地看出，祝融等四方神是分布在最外围的，《大荒经》中的四海神位置也同样在最外侧，因为古人理解的世界就是四面海洋包围着陆地，画在一系列方国、山川、古神以外的，代表了四个方向的四个神像，自然就处在海渚之中了。所以说，四方神系统与四海神系统所表达的意思是一致的，或许根本就为一物，只是在记述时使用了不同的名称，却让后人误以为是两套神系。

北方禺彊

南方祝融

又西一百九十里，曰騩山，其上多玉而无石。神耆童居之，其音常如钟磬。其下多积蛇。

——《山海经·西山经》

昆仑区中有关祝融的神话元素只有騩山上的天神耆童，耆童又称老童，是颛顼的后代。耆童生祝融，祝融生太子长琴，居住在榣山上。长琴是音乐的开创者。

"始作乐风"这事儿值得好好说一说。从这个阶段开始，音乐登上了人类生活的历史舞台。传说中的音乐创始人远不止太子长琴一个，有炎帝的后代鼓与延，他们造出了乐器钟，而后谱写乐曲；还有夔始作乐、伏羲始作乐，以及黄帝的乐官伶伦削竹为笛、模仿凤凰鸣叫定十二音律等。

之所以创造音乐或乐器的神话有那么多，是因为音乐对人类有重大的意义。文明出现的标志之一就是人类的生活不再只满足于吃饱喝足，更增添了精神追求。音乐就是人类精神食粮的一种代表。

《晋书·乐志》说："是以闻其宫声，使人温良而宽大；闻其商声，使人方廉而好义；闻其角声，使人恻隐而仁爱；闻其徵声，使人乐养而好施；闻其羽声，使人恭俭而好礼。"中国古代的乐与礼从来不分家，在漫长的文化长河中，一直起到重要的教化作用，其内在的道德与精神内核，在数千年的中华文明发展史中产生了重大而深远的影响，直到今天仍保有强大的生命力。

东方句芒

东方之神句芒的痕迹似乎并没有出现在昆仑区内，其实不然，与他有关的神在前文已经详细讲过了，正是共工。共工的后代名为句龙，因为能平水土，被敬封为后土，也就是社神。我们平时在古装剧中经常听到用"江山社稷"这个词代指国家，实际上这个词语中包含了四类神明：江和山代表水神、山神；社则是社神，即土地神、祖先神；稷神，即农业神的合称。这四类神明所象征的事物正是国家的立国之本。

古时候祭社仪式设在春、秋两季，又称春社、秋社。春社是为了祈求土地神的保佑，希望春耕顺利；秋社则在丰收以后，答谢土地神的馈赠。所以说，代表春季的东方神句芒虽然具备社神的神格，却只占据了一半，另一半或许由沃之国的丰收女神西王母所担任，亦或许在金神蓐收的名字上体现了出来。无论如何，从句芒与共工、后土与江疑、禺彊与玄冥等诸多神明在名称、神格、属性等方面存在许多错位与关联的情况也能看出，包含《山海经》在内的古代神话体系一直处在变化之中。

综合来看，昆仑区内的许多神迹、传说都与五方神体系相关。"昆仑之丘位居中央、辐射四境，形成一套天地体系"的结论是可以成立的。

五方神与四方风

《山海经》中的五方帝、五方神记录如此混乱的原因之一，可能是当时的五方系统尚未完善。一种观点认为，五行配于五方的思想是建立在原始的四方崇拜基础上发展而来的。古人崇敬四方，尤其是四方之风。在《山海经》中曾不止一次提到方向的名字和风的名字，如《山海经·大荒东经》记录："（有神）名曰折丹——东方曰折，来风曰俊——处东极以出入风。"

这些名称在《尧典》《月令》《大戴礼记》中都有提及，甚至和甲骨卜辞也能对应。

四方神名

方位	卜辞	尧典	大荒经
东	析	析	折丹（折）
南	因、迟	因	因乎（因）
西	彝	夷	石夷（夷）
北	九	？	鹓

四方风名

方位	卜辞	大荒经
东	协	俊
南	徵	民
西	？	韦
北	役	鹓

　　四方神处于四极，专门司掌四方风，为
何要管理风呢？因为风代表了不同的季节。
如《大戴礼记·夏小正》言："正月……时
有俊风。"俊风被解释为大风、南风，实际
上就是春日之风，可以解冻消冰。

　　发展成为五方神体系后，虽然神的名称
发生了改变，但其代表季节的本质没有变
化。句芒寓意植物发芽，是春季；蓐收预示
着丰收季节的到来，是秋季；祝融又叫朱明，
和玄冥相对，一明一暗，表示太阳的盛时与
衰时，也就是炎热的夏季与寒冷的冬季了。
至于后土神，也许因为祭社习俗发展为春、
秋均要举行，故而在其间设立季夏，专门作
为后土司掌的季节。

四方风神

秩序的缔造者：黄帝

作为五方帝系统和三皇五帝体系共同的中心人物，关于黄帝的身份争论非常多。有一种观点认为黄帝是真实的历史人物，他是有熊部落的首领，一位拥有"神力"的巫王；另一种观点认为黄帝是神话人物，他有太阳神、土地神、雷霆之神等多种神格。此外，随着神仙、志怪传说的出现，黄帝又被推选为成仙第一人，留下了鼎湖与登龙的传说。

如果抛开其他文本，仅谈论《山海经》当中的黄帝，我们会发现他的地位虽未达到"人文始祖""最高天帝""众神之王"的程度，但也远超凡人，是众多有"帝"称号的人物中事迹最多的一位。有关黄帝的记述有十三处之多，大都是以人的形象出现，和帝颛顼、帝喾、帝尧、帝舜等没有太大差别。

据《山海经·西山经》记载，峚山上"是有玉膏，其原沸沸汤汤，黄帝是食是飨"，又取峚山玉荣，投到钟山之南。原文所用的"飨""投"两个字，都含有祭祀之意。很明显，黄帝是以人王的身份，用敬天礼地的玉器祭祀钟山之神烛阴。否则，若他也是天神，为何要用美玉去祭祀另一位神灵呢？

《山海经·大荒西经》记录的轩辕之丘是祭祀黄帝的祭台，附近有一个国家——轩辕之国，显然是黄帝率领族人建立的国度。传说黄帝在此迎娶了西陵氏之女嫘祖，嫘祖开创了养蚕纺丝的方法，被后世尊为蚕神。种种记录似乎都表明黄帝是人类首领，他有王后、有后代、有国家、有祭天祭地的仪式，即便有一些神迹，也符合古代王与巫双重身份结合的记录习惯。

然而，对轩辕之国中臣民的描写却展示了另一种可能。"山海图"中代表轩辕国的图像是人首蛇身，尾巴盘在头顶。这根本不是人类的形貌啊！因此这个图案不可能代表轩辕国的黎民，而可能是表现神化后的首领模样，例如传说中的蚩尤，铜头铁额，长着牛角。换言之，黄帝的形貌也是人首蛇身，与伏羲、女娲、烛阴等神灵一般无二。

此外，《山海经·西山经》里有关峚山玉膏的描写，显露出鲜明的对数字"五"的推崇："玉膏所出，以灌丹木，丹木五岁，五色乃清，五味乃馨。"此时五帝系统也已经初步成形，其余四帝的名字也都能在《山海经》中找到。那么和五神系统对应着季节物候一样，黄帝身处五帝系统之中，也应作为五方、五时循环的环节之一。

简单来说，黄帝身上一定具备指向某些天文、气象、历法的特征。这些特征就埋藏在黄帝战蚩尤的故事之中。

这是黄帝一生经历的征战中最惊心动魄的一场，史书

黄帝

称为"涿鹿大战"。故事的原始文本保存在《山海经》里：

> 有系昆之山者，有共工之台，射者不敢北射。有人衣青衣，名曰黄帝女魃。蚩尤作兵伐黄帝，黄帝乃令应龙攻之冀州之野。应龙畜水。蚩尤请风伯雨师，纵大风雨。黄帝乃下天女曰魃，雨止，遂杀蚩尤。魃不得复上，所居不雨。叔均言之帝，后置之赤水之北。叔均乃为田祖。魃时亡之，所欲逐之者，令曰："神北行！"先除水道，决通沟渎。
>
> ——《山海经·大荒北经》

这简短的100多字叙述出无比宏大的故事，其中人物涉及黄帝、蚩尤、应龙、风伯、雨师、女魃、叔均、帝。这里的"帝"不是黄帝，应与《山海经》其他段落所称"帝"一致，是高于黄帝的天帝。

除天帝以外，我们可以从故事里找到三组对应关系：黄帝—蚩尤；应龙—风伯和雨师；女魃—未知。其中，黄帝和蚩尤是双方阵营的首领；应龙和风伯、雨师职能一致，应龙能"畜水"，风伯雨师能"纵大风雨"，他们在某种程度上都属于"水神"；女魃是黄帝阵营的旱神，她所到之处便能云收雨霁，克制了风伯和雨师，而相应的蚩尤阵营却没有与女魃对应的旱神帮助，于是黄帝赢得了最后的胜利。

其实蚩尤阵营也有一位旱神，只不过他未能起到对抗女魃的作用，反而被应龙杀死了。这位旱神就是夸父，《大荒东经》和《大荒北经》反复提到，应龙不仅杀死了蚩尤，也杀了夸父。应龙是"雨神"，他去往南方，当地就多雨，人们还会在旱时堆土龙以求雨。夸父以追日壮举闻名，既然追随太阳，所到之处必然阳光普照，自然就是"晴神"，与女魃有同质性。

在这个故事里，占据主导地位的并不是黄帝、蚩尤如何排兵布阵，而是晴天与降雨的对抗。故事末尾出现了田祖叔均，他代表农业的发源，可被视为五谷神。故事的真实性质就此揭晓，这是一场有关农业的祭祀。

按照这一结论，我们来拆解故事。此战发生在冀州之野，冀州代表中土，野就是郊外，说明这是一场郊祀（在国都郊外举行的祭祀天地仪式）。共工之台便是举行祭祀的祭台，祭祀的目的是祈求风调雨顺、无旱无涝。在此前提下，我们猜测黄帝的身份并非带兵打仗的国王，而是主管气象的星宿。

《史记·天官书》里记有轩辕星座，共有十七颗星。《太平御览》引用《大象列星图》说"轩辕十七星，在七星北，如龙之体，主雷雨之神，后宫之象。阴阳交感，震为雷，激为电，和为雨，怒为风，乱为雾，凝为霜，散为露；聚为云气，立为虹蜺，离为背霱，分为抱珥。此十四变，皆轩辕主之。"简单来说，黄帝的名字轩辕，很可能来源于天上的星宿，主司雷雨等天气变化。轩辕两字一看就知道与"车"相关，而雷声在志怪传说中常被称为"霹雳车"。另外，人们常以鼓声比喻打雷，《淮南子》中记载：雷泽之神，龙身人首，鼓动腹部发出雷声。《山海经》中还记录了一种鼓，是黄帝用夔牛之皮制成，以雷兽之骨敲响，声音响彻五百里，威震天下。

轩辕星座的形状似一条黄龙，而黄帝也是"黄龙体"，再联系人首蛇身的轩辕国人，人首龙身的雷泽之神，显然是相互映照、彼此一致的关系。黄帝是天上星宿，人们希望他有规律地运转下去，以保证气候正常。而蚩尤是乱神，代表异常的星象，预示灾祸。二者斗争的战场在高天之上，就象征着结束混沌、恢复秩序的仪式。

轩辕之民

轩辕星座

应龙

女魃

介于神与人之间：巫

　　假如你对一个现代人讲起巫师，他脑海中最先浮现的可能是哈利·波特那种，戴着尖帽子，穿着黑斗篷的巫师，要是非要联想我们的本土巫师不可，那就会简化为四个字——"跳大神的"。现代人对巫师的印象或许只有怪力乱神和封建迷信了。但如果你对一位生活在远古时期的人说，你可以通过精密的仪器准确地预报天气，帮助他躲过地震、洪水、火山爆发等灾难，他一定会认为你是一位巫师，在他看来，巫师就是近似于神的人。

　　鲁迅先生曾把《山海经》定义为"古之巫书"，书中的确记录了许多巫师的传说与国度。在今人看来，巫术是迷信、不开化的代名词，但在远古时期，巫术思想却是一代代人类智慧的结晶。

　　原始巫术包含着人类对自然的认识经验，所谓占卜、观星、望气，其实源自人们对自然规律的总结和预测；同时，巫术又展现出人类的进取心，通过巫术，人们试图影响自然，获取对自己更有利的结果。故而人们祭祀山川、歌舞娱神，以祈求风调雨顺、五谷丰登。在累积经验与积极探索的双重努力下，巫术成为世界民族早期医药、天文、艺术、宗教、哲学等重要文明的初始宝库。

二
通天的神人：灵山十巫

有灵山，巫咸、巫即、巫盼、巫彭、巫姑、巫真、巫礼、巫抵、巫谢、巫罗十巫，从此升降，百药爰在。

——《山海经·大荒西经》

巫师的出现往往晚于巫术的形成。巫术诞生于"民神杂糅"的时代，那时没有明确的社会分工，出于原始的灵魂观念和自然模拟，每个人都可以祈求并使用鬼神的力量。随着时代和巫术内容的变化，人们发现可以设立一些专职的巫师群体来处理整个部落的需求，从此专业的巫师出现了，其中女性被称为巫，而男性被称为觋。"巫"字，上一横顶天，下一横立地，中间一竖贯通天地，是真正的统御三才，通天彻地。

从《山海经》的文本看，巫师的能力主要集中在以下几个方面。

神 人 相 和

通天彻地

　　巫师是天神与凡人沟通的桥梁，人们相信，巫师们之所以可以获取"神的旨意"，是因为天地之间有连通的阶梯，昆仑山就是典型代表。我们在前几章讲过，昆仑山无论是作为"丘"还是"虚"，都有祭台的功能，而有此功能的山还有许多，如《山海经·大荒西经》中的灵山，巫咸等十位大巫可以沿着这座山上登天界。

　　不仅大山可以作为通天的阶梯，树木也可以。《山海经·海内经》记录了一株神奇的树木，名为建木。这棵树高百仞，树顶有九枝，根也分九条，唯有树干上不长枝丫。传说这棵树由黄帝种下，太皞伏羲曾攀缘而上，直达天国。

　　《山海经·海内经》对建木的描写非常详细，可明显看出它不是一般的植物，它那光秃秃的主干、上下对应的九枝与九根令人不由联想到三星堆遗址出土的青铜神树，神树十分高大，上有神鸟，下踞神龙，显示出神圣的宗教气息。黄帝与伏羲的顺序也十分奇怪，按理说黄帝先种下了建木，伏羲才能攀缘，但在我们印象里的神话谱系中，伏羲应早于黄帝。

　　或许，伏羲所攀登的是真正的大树，古籍间经常出现圣王"有巢氏"这个名字，表明在某个历史阶段，古人就是居住在树上的。生活在高处能躲避地面上的猛兽和虫蛇，提供安全保障，仰望天空时，也会觉得与不可预测的天神越发接近。黄帝有采首山之铜铸鼎的传说，建木所处的位置又是具备祭台属性的九丘之地，很可能是黄帝以铜复制了伏羲所攀的神树。

起死回生

　　上古时期巫与医基本相通，巫师除了能运用药材和石针外，祝祷、歌舞、通灵也都属于医治手段的范畴，其中最夸张的是起死回生的方法。

　　《山海经》中有一则故事，传说窫窳原本是一位人面蛇身的天神，却被天神贰负与他的臣子危杀死，天帝可怜窫窳无辜受害，就命令巫彭等六人去帮助窫窳复活。于是《山海经·海内西经》中就记录下这样的画面：在昆仑山顶开明兽的东面，有巫彭、巫抵、巫阳、巫履、巫凡、巫相六位巫师，环绕着窫窳的尸体，他们每人手中都握有不死之药。

　　在西王母的章节中我们讲过，不死药可能隐喻着月亮的圆缺循环，人们希望能像月亮一样返老还童，长生不灭。不过，除了月亮，《山海经》中还有不死国与不死树，传说不死国的人经常服食一种甘木，因此长寿。有人猜测，甘木就是不死树，所生长处即昆仑山，其意象是我们熟悉的月中桂花树。传说吴刚伐木，但桂树的创口随即愈合，这也是暗喻了月亮的轮回变换。

预测未来

在人们相信天帝是最高统治者的时代，做任何事情都要顺从天意才能成功，那怎么才能知道天帝的心意呢？通过占卜。祭坛上蓍草的数量和形状，或者龟壳上的裂缝，这些神秘的符号只有巫师能解读出来。这不全是骗人的把戏，在当时，巫师基本掌握了文化大权，如今流传的甲骨文，绝大多数就是巫师所刻。太史公司马迁也说过，史官就是从早期的巫分化出来的。

巫作为官职，要兼顾农业、政治、军事等多个方面。为了开展农业，巫师要根据长久以来观测和记录的天象制定历法，推算一年的节气；政治上要制定礼乐、规矩，主持对祖先的祭祀等，商朝时王后会不会生下储君，商王也要问一问巫师的意见；军事上，开战前也要请巫师来占卜吉凶，是否有足够的条件出兵。《左传》云"国之大事，在祀与戎"，说明部族生活的各个方面都离不开巫师的参与。

从以上三个方面可以看出，古时候的巫师掌握了文化知识，包揽农业、医药、宗教、军事等重要权力，由于手握权柄，他们的身份也逐渐神化，从代宣神旨的仆人，转变为神的化身。于是有的神职人员凌驾于君王之上，有的干脆是君权与神权合为一体，国王即神明的化身。

六巫

巫咸之国

巫咸国在女丑北，右手操青蛇，左手操赤蛇，在登葆山，群巫所从上下也。

——《山海经·海外西经》

《山海经》里记录的"巫"非常多，例如灵山十巫、复活窫窳的六巫、手持祭器的女祭和女戚、蛇巫之山上端着酒杯的人，以及乘龙上天的夏后启等。巫师和祭舞不仅分散在整个《山海经》世界的各个角落，还出现了一个巫师的大本营——巫咸国。

巫咸国位于登葆山，巫师们沿着山上下，自由来往于天地之间。"葆"字可以表示草木的繁盛，也指仪仗上的羽毛，还可以指野菜。古代的巫师经常以羽毛装饰自己，从良渚玉琮王的图案上就能看到戴着夸张羽冠的巫师形象。而在民间传说中，野菜耐旱耐寒的特性衍生出遮蔽太阳的传说，人们认为它们是不死的植物。登葆山的神圣性或许就从这两处显露出来。

巫咸国的人是一手拿青蛇，一手拿赤蛇的形象，蛇的神圣和特异我们在第五章"长夜中的赤星：烛阴"中已经说过。有学者提出，《山海经》中提到的巫咸属于灵山十巫之一，说明巫咸国所在的登葆山与灵山实为一山，但古时候的"灵"与"巫"同义，

那么登葆山应该就是现今位于我国西南部的巫山，那里曾流传出巫山神女的美丽传说，流露出巫国遗风，与之相关的古代巴国、蜀国都曾拥有巫风弥漫的灿烂文明。而"巴蛇吞象"的传说也表明那里自古就有大蛇出没，成为人们崇拜的对象。

与巫咸国的蛇崇拜相反的是载国，载国的居民也自称为"巫"。《山海经·大荒南经》记载："有载民之国。帝舜生无淫，降载处，是谓巫载民。巫载民盼姓，食谷，不绩不经，服也；不稼不穑，食也。爰有歌舞之鸟，鸾鸟自歌，凤鸟自舞。爰有百兽，相群爰处。百谷所聚。"载国所在之处物产丰富、气候宜人，即便不刻意耕作纺织，也能衣食无忧，符合天府之国的特征，但巫载民并不崇拜巴蛇，反而杀蛇。《山海经·海外南经》云："载国在其东，其为人黄，能操弓射蛇。"

巫载民是帝舜的后代，舜有太阳神的神格，而且载国中有唱歌的鸾鸟、舞蹈的凤鸟，它们都是古人心中太阳的化身，说明巫载民们崇拜太阳，这一

点从金沙遗址出土的太阳神鸟金箔和三星堆青铜树的神鸟身上得到了验证。

巫咸国崇拜蛇，巫载民崇拜鸟，他们是敌对关系吗？其实不然，巫咸国、载民之国，其实同出一源，都是古时候以巫立国的理想世界。蛇与鸟也不完全是敌对关系，它们可能代表不同的力量，比如鸟代表太阳，蛇则是龙的替代物，代表雷雨。光和雨水都是农业社会不可或缺之物，当然会被视为神圣。

西
次
三
经
山
神

祭祀之礼

凡西次三经之首，崇吾之山至于翼望之山，凡二十三山，六千七百四十四里。其神状皆羊身人面。其祠之礼，用一吉玉瘗，糈用稷米。

——《山海经·西山经》

巫所主持的祭祀礼仪在《山海经》中也有记载，最有代表性的是山神祭祀。《五臧山经》共有二十六组山脉，其中的十九组都有不同的山神形象与祭祀方式。山神的外貌一般是人与动物，或不同动物融合而成，如人面羊身、龙身鸟首等。

在相信万物有灵的泛神论时期，人们对大自然的一草一木都怀有敬意。而且，人们相信人类和精灵之间并没有障碍，可以直接用言语、歌曲、舞蹈和仪式来沟通。其中，祭祀山神的方式主要有两种：一是送上牺牲、贡品，供山神享用；二是组织音乐和歌舞，令山神感到欢愉，以此求得山神的庇护。

昆仑山所在的《西山经》第三山系，共有二十三座高山，全长六千七百四十四里，守护这里的山神都长着人的面孔、羊的身体，祭祀时要埋下一枚玉器，奉上稷米作为贡品。

· 第六章 ·

奇兽怪鸟

远古图腾

几千年前，一位制陶者在一个夹砂红陶缸上画了这么一幅画：左边是一只白鹳，它眼大身壮，长喙、短尾、高脚，口衔一尾大鱼，看上去神气十足，它口中的鱼儿则身体僵直，奄奄一息；右边竖立着一把带柄的石斧。这就是一九七八年出土的仰韶文化陶器——鹳鸟衔鱼石斧纹彩陶缸，上面的图画被称为『鹳鱼石斧图』。

作为中华文明历史上已知最早的绘画作品之一，鹳鱼石斧图不仅具有艺术史上的重要地位，它的内在含义更令研究者们着迷，因为这是一幅画在葬具上的图，具有特殊的图腾崇拜意义。专家推测：当时这块土地上生活着两个部落，一个以鸟为图腾，一个以鱼为图腾，我们姑且称他们为鸟部落和鱼部落好了。两个部落之间发生了一场大战，鸟部落的首领英勇善战，擅长使用战斧，他率领本部落的成员取得了最终的胜利。这幅画正是在歌颂首领的辉煌战绩，如同他的丰碑和墓志铭。

鹳鱼石斧图讲述的故事为我们解读昆仑山上的众多奇异神兽提供了独特的思路。一直以来，古怪而神奇的珍禽异兽都是《山海经》的标志性内容，它们吸引了大多数爱好者的目光，人们把它们当作奇谈怪论而津津乐道，但在另一些人的眼里，这些动物的形象却暗藏深意。

《山海经》并不是单纯的地理志，其中记录的动物也不都是真实存在的，这种观点看似荒诞不经，细想却很有道理。从古至今，人们总喜欢用一些独特的、有可能是图腾或族徽，像鹳鱼石斧图那样昭示着曾有一支部落在此生活的纹章，其中狮鹫便是拼凑出的神奇动物，属于对现实动物的变形。或是经过变形的动植物图案来代表家族、群体的身份，譬如欧洲各国曾使用的纹章，其中狮鹫便是拼凑出的神奇动物，属于对现实动物的变形。

如果《山海经》昆仑区内的动物们真是图腾徽记，它们又向我们讲述了哪些精彩的故事呢？

《山海经》里有一种双头蛇，叫作延维，它长如车辕，两端都有人一般的头颅，中间由蛇身连接，还穿衣戴帽，据说人间的君王若能得到并祭祀它，就可享有天下。这让人不禁联想到伏羲女娲图，女娲持规，伏羲持矩，他们人格化的动物。据《山海经·海内西经》记载，鸾、凤、蛟、蝮、蛇、蜼、豹、鸟等动物围绕在开明兽与神树周围，其中鸾与凤戴着盾牌，或周身有蛇，人首，相互交缠，指天画地定方圆，又象征着交尾与繁衍。此外，还有蛇身人首，就像正在执行护卫或祭祀任务一般。

禽鸟徽记

《山海经》所描绘的神异鸟类不可胜数，它们不仅模样奇特，且大多数都与吉瑞、灾殃联系到一起，例如，比翼而飞的蛮蛮，它们的出现会带来席卷天下的水灾；三头六尾的鸱鹆，可以抵御凶煞之气。

另有一些鸟类承担了工作职责。比如昆仑山上的鹑鸟，负责管理天帝的服饰；西王母身边的三青鸟为她取送膳食，在后世的诗文中，青鸟演变成为西王母的信使，"蓬山此去无多路，青鸟殷勤为探看"。

鸟可以拥有人格，人也会用鸟类代表自己。史书曾言，少皞氏以鸟名官，祝鸠氏为司农，雎鸠氏为司马，司鸠氏为司空，爽鸠氏为司寇，鹘鸠氏为司事……因此《山海经》里管理药材、服饰的鸟类，也许代表着某些官员。这样的现象一直到明清的文武官员身上都有体现。现在我们说的"衣冠禽兽"是个贬义词，形容人的品德败坏，但在古代，衣冠上的禽兽却是官员等级的标志，文官用禽鸟，武将用瑞兽。明代服制规定：文官品级从高到低，补子上的图案分别是仙鹤、锦鸡、孔雀、云雁、白鹇、鹭鸶、鸂鶒、黄鹂、鹌鹑等。因此，人们称文武官员为"衣冠禽兽"，那是令人羡慕的赞美词。

奇兽怪鸟

伏羲女娲图

三青鸟

有三青鸟，赤首黑目，一名曰大鵹，一名少鵹，一名曰青鸟。

——《山海经·大荒西经》

　　三青鸟居住在三危山上，此山方圆百里，巍峨高峻，它们由此地飞往王母之山，为西王母取食。诗句中的青鸟总是担任传信解语的工作，不禁令人想象其如燕子一般小巧灵动的身形，但袁珂先生却提出，"青"表示黑色，赤首黑目，加之栖息之地在崇山峻岭，应当不是"宛转依人之小鸟"，而是"多力善飞之猛禽"。

　　三青鸟原本是三只鸟，各自还都有名字，外表也不像《山海经》中其他异鸟那样，有好几个头或好几只翅膀。但随着神话的流传与演绎，它们的形象变得越来越奇怪。先是出现了一种"三足神鸟"为西王母取食，这就把三青鸟合并为一只鸟了。又因《山海经》所言"日载于乌"而混同起来，从背负太阳的神鸟变成了太阳本身就是三足金乌。虽然青鸟的名字在许多诗文中有所保留，但它们的职能由取食变成了为西王母传递信息的信使。

　　根据三青鸟的职责猜想，如果青鸟是族徽，其人应该作为供奉西王母的祭司，或者如《穆天子传》讲述的那样，三青鸟代表的是生活在西王母之邦附近的部族首领。

三青鸟图腾

·二〇九·

三青鸟

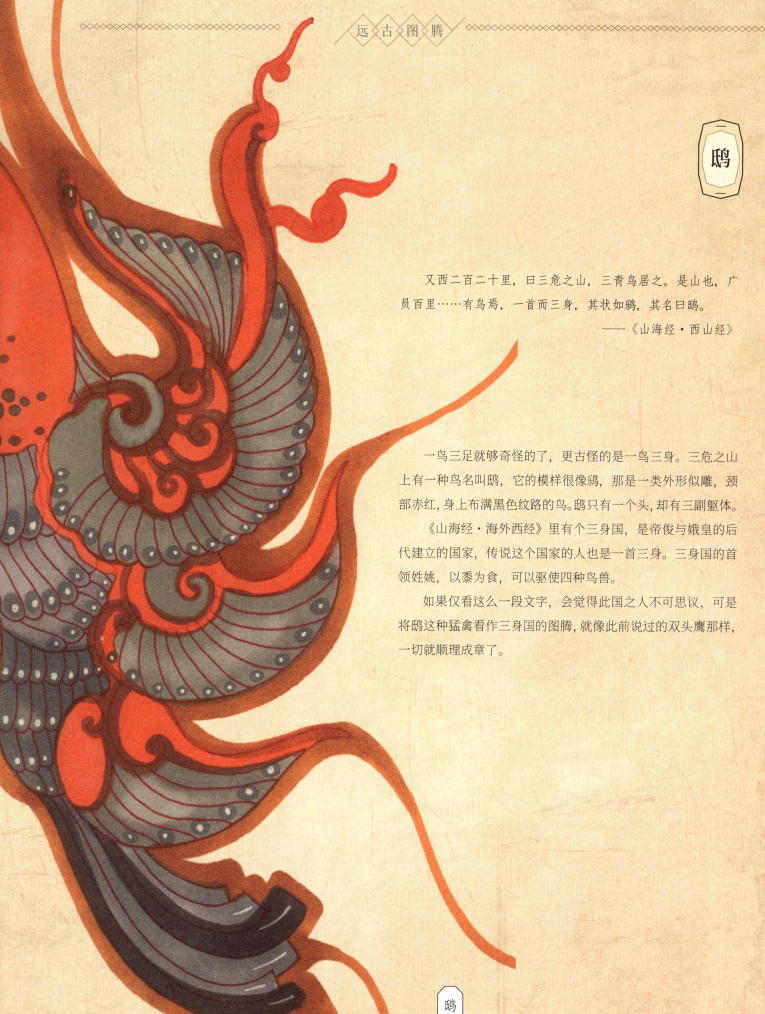

鸱

又西二百二十里，曰三危之山，三青鸟居之。是山也，广员百里……有鸟焉，一首而三身，其状如鸱，其名曰鸱。

——《山海经·西山经》

一鸟三足就够奇怪的了，更古怪的是一鸟三身。三危之山上有一种鸟名叫鸱，它的模样很像鸱，那是一类外形似雕，颈部赤红，身上布满黑色纹路的鸟。鸱只有一个头，却有三副躯体。

《山海经·海外西经》里有个三身国，是帝俊与娥皇的后代建立的国家，传说这个国家的人也是一首三身。三身国的首领姓姚，以黍为食，可以驱使四种鸟兽。

如果仅看这么一段文字，会觉得此国之人不可思议，可是将鸱这种猛禽看作三身国的图腾，就像此前说过的双头鹰那样，一切就顺理成章了。

鸱

比翼鸟

有鸟焉，其状如凫，而一翼一目，相得乃飞，名曰蛮蛮，见则天下大水。

——《山海经·西山经》

据《山海经·大荒西经》记载，昆仑山附近有巫山、鳌山、金门之山，此间常出现比翼之鸟。

"在天愿作比翼鸟，在地愿为连理枝。"比翼鸟与连理枝都代表忠贞的爱情，因为爱情的浪漫，人们不免对比翼鸟充满想象，以为那是十分美丽的动物。然而在《山海经·西山经》的记载中，它们外表如同野鸭，每只个体仅有一只眼睛和一只翅膀，唯有两两依靠才能飞翔。它们的名字叫作蛮蛮，虽然相互扶持的特性赢得世人赞许，但它们的出现意味着洪灾的到来，并非祥瑞之兆。

蛮蛮

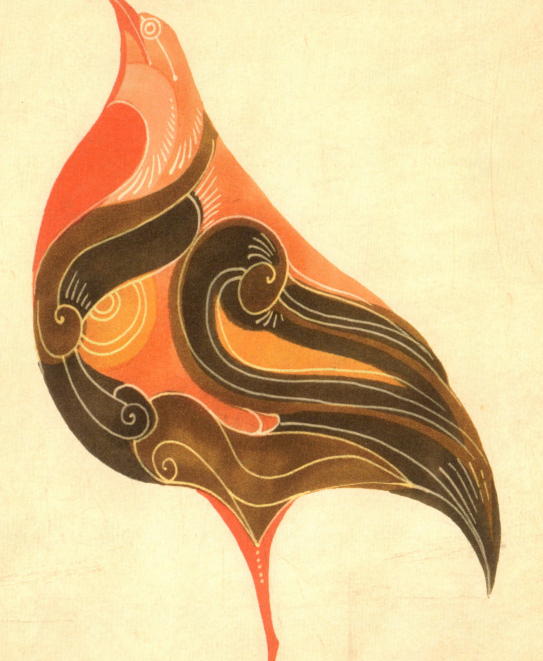

鹈鸟

鹑鸟

有鸟焉，其名曰鹑鸟，是司帝之百服。

——《山海经·西山经》

　　《山海经·西山经》所谓"有鸟焉"，通常翻译为"此地存在一种鸟类"，但按照此前所述先有"山海图"，再有《山海经》看图著文的逻辑，我们只能确认图中的昆仑山上画着鹑鸟的图像，至于它是否代表存在着鹑鸟的群体，就不得而知了。但是，我们更倾向于相信它是独一无二的，鹑鸟掌管着天帝所用的服饰，职责如同看守悬圃的天神。

　　有人称鹑鸟是一种凤凰，《埤雅》引《禽经》曰："赤凤谓之鹑。"按照常规思路，鹑鸟必然高贵如神鸟凤凰，才与它的重要职责相配。然而，少皞氏的重要官员们所用的禽鸟名称都不是传说中的神鸟，而是乡间最常见，和人们的田园生活最贴近的鸟类。鹑鸟也应如此，更可能是我们常见的鹌鹑一类。

　　郭璞曾为《尔雅》注："鹑，鹌属者也。"许多典籍中把鷃鹩和鹌鹑归于一类，又说鹑鸟"性善近人，飞不迅，行不寿"，可见是小型、温和的禽鸟。《太平御览》收录了许多有关鹑鸟的志怪故事，常见它化为黄鱼、田鼠、蛤蟆，也是充满神怪趣味的一种动物。

少皞氏以鸟名官

胜遇

有鸟焉，其状如翟而赤，名曰胜遇，是食鱼，其音如录，见则其国大水。

——《山海经·西山经》

西王母的住所也称玉山，郭璞注解认为，玉山就是《穆天子传》中记载的群玉之山，从名称看来，是遍地宝玉的世外仙境。这座山间有一种羽毛赤红的鸟类，形如锦鸡，名叫胜遇。据袁珂校注，"胜"字读作"姓"，它发出的声音如同鹿在鸣叫，这是一类捕鱼为食的禽鸟。

胜遇让人联想到开篇彩陶缸上的那只白鹳，也许，胜遇也是某个部落的图腾。胜遇食鱼，便常生活在水边，当人们能近距离地看到胜遇捕食的景象时，说明水已涨到岸上来了，预示着洪水即将到来。看来胜遇是古人预测洪水的一种参照物。

胜遇图腾

胜遇

毕方

又西二百八十里，曰章莪之山，无草木，多瑶碧。所为甚怪……有鸟焉，其状如鹤，一足，赤文青质而白喙，名曰毕方，其鸣自叫也，见则其邑有讹火。

————《山海经·西山经》

与昆仑同一山系的章莪之山也是一座玉山，此山寸草不生，但有很多玉矿。毕方神鸟栖息于此，它浑身青黑，遍布赤红花纹，喙为白色，仅有一足，发出的鸣声就像呼唤着自己的名字。

汉唐年代，民间曾流传着一部记录古怪生物的书册，名叫《白泽图》，其作用有些像黄历，又像《红楼梦》里提到的《玉匣记》，就是让人看看当日适不适合出行，会不会冲撞什么神仙之类的。毕方便被收录在《白泽图》中，因为它会带来无端野火，令古人十分忌惮。

毕方图腾

毕方

希有

风向标

东方朔《神异经》曰：昆仑铜柱有屋，辟方百丈。上有一鸟，名希有。张左翼复东王公，右翼复西王母。西王母一赎再登翼上，之东王公也。其喙赤，目黄如金。其肉苦咸，仙人甘之。

——《太平御览》

希有的特征是体型巨大，当它张开翅膀，能在天上搭起一座桥，连通中国的东西两端。

《神异经》记载，昆仑山顶的通天铜柱上方建有百丈大屋，一只巨鸟栖息其上。它的喙赤红色，双目金黄，张开翅膀时，左翼覆东王公，右翼覆西王母，二神登上鸟翼，在天上相会。东王公也叫木公，号玉皇君，是神仙传说中创造出来的西王母的配偶神，众男仙之首，住在东极大荒；西王母，众女仙之首，居西昆仑。昆仑山从神话里的圣山祭台，渐渐传成仙话中的乐园。西王母也从原始野性的昆仑之神，逐步变成端庄美丽的仙界夫人，和东王公组成神仙配偶，一东一西，交相辉映。

希有的形象似乎糅合了庄子笔下"翼若垂天之云"的鹏鸟，又兼有牛郎织女中鹊桥的功能。

还有一种特别的解释，昆仑山作为远古观象授时的高台，铜柱就是观测日影的表木，而上面的大鸟便如今日风向标一样，是古人测风的仪器。

我国最早的测风仪叫"相风铜鸟"，安装在汉代天文气象观测台上。唐代也有一种测风仪"五两"，其形制是一根竖立在空旷平坦处、五丈高的杆子，顶端悬着一串用羽毛结成的长翎，观察长翎飘动的方向及扬起的程度，就能测得风向和风速。

鸮鸽

有鸟焉，其状如乌，三首六尾而善笑，名曰鸮鸽，服之使人不厌，又可以御凶。

——《山海经·西山经》

　　如果你游走在昆仑区的荒山里，突然听到一阵哈哈大笑的声音，不用怕，这是鸮鸽的叫声，而且，遇到鸮鸽是件好事。

　　《西山经》第三山系的最后一座高山，名为翼望之山，这里有一种三头六尾的怪鸟，叫作鸮鸽，叫声如同人在哈哈大笑。《北山经》中也记录了一种名叫鸮鸽的鸟类，形似乌鸦。但北方带山上的鸮鸽并没有多头多肢的外形，而是羽毛鲜艳，且雌雄同体。不过，这两种同名的鸟类都是祥瑞之鸟，可以抵御凶煞，治疗梦魇。

鸮鸽图腾

鹐
鹐

凤皇、鸾鸟

开明西有凤皇、鸾鸟，皆戴蛇践蛇，膺有赤蛇。

——《山海经·海内西经》

既然是神话仙境，自然少不了鸾、凤一类的神鸟。

在《山海经》的记载中，凤皇是出自丹穴之山的异鸟，身上有五彩花纹，头顶的纹路如"德"字，翅膀上纹路如"义"字，背后有"礼"字，胸口有"仁"字，腹部有"信"字，可以说集世间美德于一身。它安于自然，擅长歌舞，每到天下安宁的时候便现身于贤君的庭院。

鸾鸟与凤皇相似，也有五彩的羽毛，每当出现，便预示着太平盛世的到来。这两种吉祥的鸟类身上都带着神圣的隐喻，又同时出现在开明兽的周围作为陪衬，或头顶盾牌，或胸前佩蛇，似乎在扮演护卫与祭司的角色，映衬出昆仑山的尊贵神圣。

凤皇、鸾鸟

钦原、大蜂、朱蛾

有鸟焉，其状如蜂，大如鸳鸯，名曰钦原，蠚鸟兽则死，蠚木则枯。

——《山海经·西山经》

大蜂，其状如螽；朱蛾，其状如蛾。

——《山海经·海内北经》

昆仑山上的飞禽中还有一些特殊的品类。（昆仑之丘）有一种鸟，说它是鸟，长得却像蜂，有鸳鸯一般大小，也有蜂一样的毒性，能蜇死鸟兽，令树木枯萎，名为钦原。

这种神秘的"鸟类"显然属于昆虫的范畴，就是巨大的蜂。也许在古人看来，它们与鸟都能飞，也就视为同类了吧。除了钦原，《海内北经》还记录了两种飞虫——大蜂和朱蛾。大蜂，长得像蝈蝈一类的鸣虫，也有学者认为"螽"字有误，原来应为"蠭"，也就是蜂的意思，所以原文的意思是"大蜂，其状如蜂"，与下文的"朱蛾，其状如蛾"句式一致，说明它们的名字都来自外形相近的昆虫。大蜂，是不是就与《西山经》内的钦原同为一物呢？

朱蛾

骏鸟、大鹗

又西北四百二十里，曰钟山。其子曰鼓，其状如人面而龙身，是与钦䲹杀葆江于昆仑之阳，帝乃戮之钟
山之东曰崦崖。钦䲹化为大鹗，其状如雕而黑文白首，赤喙而虎爪，其音如晨鹄，见则有大兵。鼓亦化为骏鸟，
其状如鸱，赤足而直喙，黄文而白首，其音如鹄，见则其邑大旱。

——《山海经·西山经》

钟山上有两种恶鸟：一个叫作骏鸟，长得像猫头鹰，它的出现代表即将发生旱灾；另一种名为大鹗，外表像是一类鱼鹰，象征战祸的到来。它们在成为禽鸟以前，曾是钟山神烛阴之子鼓和天神钦䲹，他们合谋在昆仑山南杀害了另一位天神葆江，惹得天帝震怒，将他们诛杀于钟山东面的山崖，鼓与钦䲹死后，其神灵化为禽鸟，栖息在钟山上。

这是神话的逻辑，天神死去，能转化为人间的生物，就像精卫填海的故事一样，女娃葬身于波涛，还是可以变成精卫鸟，继续长久不灭地生存繁衍下去。昆仑山是不死之地，而这类永生不死的主题也散布在《山海经》的各个角落，如月亮的"死而后育"、水生动物冬眠习性带来的"死即复生"，还有不同生物间的互相转化。

鼓与钦鹏杀葆江

异兽章纹

　　商周时代的青铜器上布满了奇形怪状的花纹，甚至可以用"狰狞恐怖"来形容，它们统称为兽面纹，而且花纹各式各样，隐约可见各种猛兽的形象。《山海经》中，猛兽同样被赋予特殊的含义。

屏
蓬

狡、天狗、赤犬

又西三百五十里，曰玉山……有兽焉，其状如犬而豹文，其角如牛，其名曰狡，其音如吠犬，见则其国大穰。

——《山海经·西山经》

西王母居住的玉山上生活着一种奇兽，名为狡，外形和叫声都与犬类一致，身上的花纹似豹，头上却长有牛角，它的出现预示着大丰收，可见是一种祥瑞之兽。

同样与犬相关的还有栖息在阴山上的神兽天狗，不过它的外貌更像狸猫或豹子，头部的毛发呈白色，发出的声音似乎在叫"榴榴"，晋代人注解道："或作猫猫。"那它到底是猫还是狗呢？其实猫科和犬科是现代科学体系下的分类，古人仅看长相可能会把它们混淆，比如外形像犬科动物的鬣狗其实属于猫科。天狗或许就是一种长相介于猫科与犬科之间的大型猛兽，而猛兽的叫声就未必都是粗犷霸气的，如果你去动物园观察猎豹，肯定会大吃一惊，它的叫声是又细又软的"喵喵"声，真让人大跌眼镜。

《山海经·大荒西经》记载了"天犬"，似乎与天狗同名，但显然不是同一种动物。天犬的毛色赤红，出现时会带来天下战祸，与天狗能抵御凶煞的功能截然相反。依照郭璞等人的注解，赤红色的天犬是天狗星，它现身时往往发出数十丈红光，喷发的火焰如同天上的流星，四散如风如电，还伴随着阵阵雷鸣，非常可怖。古人相信，天狗星出现会引发地震。

天狗

天狗星

屏蓬

大荒之中，有山名曰鏖鏊钜，日月所入者。有兽，左右有首，名曰屏蓬。

——《山海经·大荒西经》

屏蓬也叫并封、封豚、封豨。据《大荒西经》和《海外西经》所载，这种动物形似野猪，浑身黑色，但有一前一后（或说一左一右）两个头。这样的描述令人想到双头蛇延维，而延维的形象又与商周时代的玉璜十分相符。

屏蓬曾作为妖兽出现在后羿降服六凶的传说中。故事里的封豚只是体型巨大的野猪，因为毁坏农田，被后羿擒拿于桑林。这个形象到了《天问》和《左传》里，"封豨"成了一方诸侯的称号，他的后人伯封"有豕心"，贪婪无度，被人称为"封豕"，后来在与东夷部落的冲突中，为后羿所杀。

野猪是先民们非常熟悉的动物。一方面，它们性格暴躁、行为凶猛，破坏力非常大，让处于农业社会的人们十分头疼。可另一方面，人们通过驯化野猪，获取了重要的肉食来源——家猪。要知道，在原始社会中，猪的下颌骨可是衡量一个家庭富裕程度的标志，价值相当于现在的金条。所以，猪的形象在古代艺术创作中是极其常见的。如果封豨氏的确曾为一方部落的名号，那么双头野猪屏蓬当然是该部落的图腾或族徽了。

屏蓬图腾

西南四百里，曰昆仑之丘，是实惟帝之下都，神陆吾司之……有兽焉，其状如羊而四角，名曰土蝼，是食人。

——《山海经·西山经》

昆仑之丘虽然是天帝的平圃、众神的乐园，但如众多一体两面的天神那样，其中既有圣洁祥瑞的动物，也有危险吃人的恶兽。土蝼就是其中之一，它外形如羊，头顶四只长角，看似无害，却是一种食人兽。

三青鸟居住的三危之山，也出现过一种食人兽，叫作徽稦，它长得像牛，头顶也有四只角，身上的毛发又长又硬，如同身披一件蓑衣，通身白色。

徽稦的外表与凶兽穷奇非常相似，《山海经·西山经》记录的穷奇是"其状如牛，蝟毛，名曰穷奇，音如獋狗，是食人"。这意思是说，穷奇的模样像牛，身上的毛和刺猬的刺一样，声音如同狼狗的嚎叫，能吃人。除了头上的角和叫声，对穷奇的描述与徽稦几乎一模一样。

同时，《山海经·海内北经》记载，穷奇形如老虎，背后长着翅膀，吃人的时候从头开始，被吃的人披散着头发。飞虎食人的场景在商代的青铜卣上得到

还原，人们猜测，虎食人卣所表现的，可能是老虎吃奴隶的恐怖画面，也可能是神虎吞鬼怪的祈福象征。

与穷奇同样有吃人习惯的动物还有一个，被称为蛊犬，有人猜测蛊犬与声音像"獋狗"的穷奇是同类动物，"蛊犬如犬，青，食人从首始"。蛊犬与穷奇的关联让一些学者相信它们同出一源，而后穷奇的故事演化开来，不仅成为"四凶"之一，而且在方相氏驱逐瘟疫和蛊毒的大傩仪式上担任食鬼的神兽。而蛊犬则默默无闻，湮灭于书册间。其实，根据蛊犬的名字、食人的习性、在《山海经·海经》中的位置等信息，很容易让人联想到《山海经》多次提到的犬戎国，也叫犬封国。袁珂先生认为，犬戎国的传说是盘瓠神话的异体，而在盘瓠神话中，神犬盘瓠咬下了异邦首领的头颅，献给天子，立下大功，犬戎国的建立或许与此有关。《山海经·大荒北经》中，犬戎附近有赤兽，形如马，却无头颅，称为戎宣王尸，不知是否正是在对应盘瓠的传说。

徽𢢫

虎食人卣

穷奇

相顾之尸

窫窳

开明东有巫彭、巫抵、巫阳、巫履、巫凡、巫相，夹窫窳之尸，皆操不死之药以距之。窫窳者，蛇身人面，贰负臣所杀也。

——《山海经·海内西经》

窫窳原本是一位天神，人面蛇身，与烛阴、女娲等相似。然而不知为何，天神贰负与其臣子危一起合谋将窫窳杀死，天帝震怒之下，将贰负与危反绑双手，禁锢在疏属之山，一说他们就此死去，被称作"相顾之尸"。到了汉代，又有传说，汉宣帝时的人挖掘疏属之山，居然发现了一个石室，其中有人，浑身赤裸，披散头发，而且能够复活。当时熟知《山海经》的刘向便说，这就是"贰负之尸"。

因为怜悯窫窳无辜被杀，天帝命令六位巫师用不死药救活了窫窳，然而它复活之后，模样和性情都大变，不再是天神，反而成了食人的怪物。《尔雅》中说窫窳变成了长着龙头和虎爪的怪兽，擅长奔跑。《山海经·海内南经》说窫窳藏身在弱水中，吞食靠近的人。

举父

西次三经之首，曰崇吾之山，在河之南，北望冢遂，南望??之泽，西望帝之搏兽之丘，东望蠕渊。有木焉，员叶而白柎，赤华而黑理，其实如枳，食之宜子孙。有兽焉，其状如禺而文臂。豹尾而善投，名曰举父。

——《山海经·西山经》

如果说，我们所熟悉的夸父原型是只猿猴，你会不会感到意外呢？

《山海经·西山经》第三山系的第一座山，叫作崇吾之山。这座山位于黄河南岸，四野望去皆是名山大川，举父就生活在山间林中。

举父是一种猿猴，前肢有花纹，长着豹子似的尾巴，擅长投掷。郭璞注云，举父也作夸父。高诱在为《淮南子》作注时说："夸父，兽名也。"所以说，夸父是一种猿猴的名称，如此，《山海经·北山经》里"状如夸父"的鸟类嚣、《山海经·东山经》中"状如夸父而彘毛"的无名怪兽，便都能解释为猿猴状的生物，而不是巨人的模样。

有的学者认为，夸父之国是以猿猴作为图腾的部落，他们的祖先传说就是夸父追日的故事，与一些少数民族流传的猿猴盗火种故事近似。但在我们的一般认知中，夸父所指是巨人，夸父国也叫博父国，两个名称都含有"巨大"的意思。

狰

又西二百八十里，曰章莪之山，无草木，多瑶碧。所为甚怪。有兽焉，其状如赤豹，五尾一角，其音如击石，其名曰狰。

——《山海经·西山经》

面目狰狞，常用来形容人的外貌或表情非常可怕。"狰"和"狞"原意是指两种恐怖的怪兽。

狰，形如赤豹，头顶长着独角，身后拖着五条尾巴，叫声如同敲击石块的声响。它生活在章莪之山，这里距离西王母所在的玉山约两千里，山上寸草不生，却多玉石，常常出现诡火。因此，记录者便说此山"所为甚怪"。狞的相貌没有文字记载，想来应该跟狰不相上下。

西水行百里，至于翼望之山，无草木，多金玉。有兽焉，其状如狸，一目而三尾，名曰讙，其音如夺百声，是可以御凶，服之已瘅。

——《山海经·西山经》

讙，也称欢欢，是翼望之山上的奇兽。此山没有草木，唯有金玉矿藏，也不知道讙以何物为食，大概是适应干旱荒原环境的生物吧！

讙的模样与狸猫相似，只有一只眼睛，却有三条尾巴。讙可以抵御凶煞之气，它的肉能治疗黄疸一类的病症。它的叫声异常响亮，能盖过上百只动物一同鸣叫（另一种解释是它能模仿一百种动物的叫声）。

猛兽

提到猛兽两个字，人们一般会马上想起狮子、老虎、豹子，然而谁能料到，这些动物会被一只幼犬模样的小动物吓得战战兢兢、俯首帖耳呢？

《太平御览》收录了《世赘记》中的一个故事：汉武帝时，月氏国的使者进献了一头猛兽，模样仿佛一只幼犬，外表有些像狸猫，毛色发黄。它的名字就叫作猛兽。

汉武帝见它一副赢弱的样子，感到与"猛兽"之名不符，便语气轻蔑地问使者："这算什么猛兽？"

使者解释道："猛兽生于昆仑山上，以天地之气为食，饮用甘露。"为了测试猛兽的神威，汉武帝便让使者诱导它发声，谁知猛兽一开口，就像天雷震动、霹雳落地一般，令皇家内苑里养的牛、羊、马、猪一类凡兽都惊骇不止，就连上林苑中的老虎也不敢直面猛兽，任凭猛兽踩上头顶。汉武帝这才明白猛兽的神异。然而到了第二天，使者与猛兽一起消失了踪迹。

文鳐鱼

文鳐鱼

又西百八十里，曰泰器之山。观水出焉，西流注于流沙。是多文鳐鱼，状如鲤鱼，鱼身而鸟翼，苍文而白首赤喙，常行西海，游于东海，以夜飞。其音如鸾鸡，其味酸甘，食之已狂，见则天下大穰。

——《山海经·西山经》

昆仑西百八十里处，观水流过泰器山下，水中有鱼飞腾而出，那就是文鳐鱼。它们长得像鲤鱼，背上却长出鸟一样的翅膀，白头红嘴，身上满是青黑色的纹理。文鳐鱼的飞行能力匪夷所思，说它在西海中巡游，一夜之间又飞到东海上，如同《庄子》所言鲲鹏，在北冥与南冥间迁徙。

文鳐鱼的叫声像鸾鸡，鸾是传说中的神鸟，近似凤凰，能带来天下安宁。文鳐鱼同样也是祥瑞的征兆，它们的现身表明大丰收的来临。另外，若有人捕获它们，食用后可以治疗癫狂之症。

神龟

《王子年拾遗录》曰：昆仑山第五层有神龟，长一尺九寸，四翼。万岁则升木而居也，亦能言矣。

——《太平御览》

神仙传说中的昆仑山分为九层，每一层都有不同的景物，或是亭台楼阁，或是山泉游龙。《拾遗记》曰，昆仑山的第五层仅有一只神龟，虽然体型不到二尺长，却长着四只翅膀，能活万岁，而且能攀登树木，生活在树冠上，还能开口说话。

古人非常看重龟，将之列入四灵——龙、凤、龟、麟。和其他凭借想象的神兽不同，龟是活生生的动物，它的神异之处亲眼可见：一是长寿，龟寿延年，代表人类对长生的渴望；二是有冬眠的生活习性，被视为拥有死而复生的能力；三是龟甲坚硬，水陆两栖，古人想象着整片大陆都由神龟背着遨游在海中，一旦神龟舞动，便会引发地震或洪水。因此有的学者认为《淮南子》中女娲"断鳌足以立四极"的功绩，不是用龟之四足撑起天，而是斩断四足，令神龟不再动弹，从而稳定四方。

巨蛇

《玄中记》曰：东海有蛇丘之地，众蛇居之，无人民。多神蛇，或人头而蛇身。又曰：昆仑西北有山，周回三万里。巨蛇长万里。蛇常居此山，饮食沧海。

——《太平御览》

昆仑山又叫蛇巫之山，足见其与蛇关联匪浅。《抱朴子》言"员丘山多大蛇"，员丘山指的就是昆仑山。广成子曾教黄帝佩带雄黄以驱蛇，黄帝最终成功登山，找到仙药。

昆仑山集结了那么多神异的动物，其中体型最大、最显眼的就是神鸟希有了。但《玄中记》告诉我们，昆仑山附近还盘踞着一条巨蛇，体长万里，身体常盘踞在西边的昆仑山上，头却能一直伸到东海岸边，从中捕食鱼群，简直像是横贯东西的一道山脉，与天上的希有相互照应。

巨蛇

第七章

仙花异草
昆山阆苑

在世界古代七大奇迹当中，有一个著名的巴比伦空中花园。据说是古巴比伦王为了讨好自己的妃子，命令臣民建造了一座高耸入云的平台，上面种植了各种奇花异草，远远看去，就像有个花园浮在半空。

别名悬圃（玄圃、县圃）的昆仑山也是一座悬在空中的花园。据《博物志》记载，『员丘山上有不死树，食之乃寿。有赤泉，饮之不老。多大蛇，为人害，不得居也。』在昆仑山这片世外仙境当中，花木令人长寿，泉水令人不老，又有大蛇出没其间，似乎是在守护此地不受凡人侵扰。这些只是昆仑山神奇草木的小小缩影，若串起典籍中零落的文字，你会发现此方秘园的花草不仅奇特，还拥有着神圣的含义。

昆仑之虚，方八百里，高万仞。上有木禾，长五寻，大五围。

——《山海经·海内西经》

禾是水稻的植株，在古书中也指粟，总之是一类庄稼，草本植物。木与禾是两种截然不同的植物类型，如何凑到了一起？《太平御览》中有注解"木禾长五丈五尺"，即便按周代的标准，也有十几米高，这么高的庄稼，的确像是一棵大树了，这是到了大人国吗？看来，这是古人的一种夸张的想象。昆仑仙境寄托了世间一切美好愿景，百姓们理所当然地认为那里远离饥馑之苦，便想象出巨大的庄稼，象征丰收与富足。

也有人认为，虽然并不存在高十几米的木禾，但其原型是真实存在的一种谷物。《穆天子传》讲述了周穆王西巡的故事，在他东归路途中，于黑水边见到一些野麦，即"西膜之所谓木禾"，当地人以此为食。学者根据木禾生长的位置推测其应属野生高粱，或是青稞一类的作物。至于为何《山海经》中的木禾那么大，不要忘了，《山海经》的底本是一幅画，中国人的作画习惯是把主角放大，并安置在最突出的位置，其他陪衬的物体则小得不成比例，如果看图写作者仅凭肉眼观测，可能会看到木禾比画面上的人物更大，因此记录下巨木一般的禾苗。

若《穆天子传》所载事迹曾真实发生，那么《山海经》中的木禾应当是昆仑山所出物产。前面咱们讲过"故宫禾黍"的故事，禾和黍都是当时重要的粮食作物，这也间接说明的确存在一些居住在昆仑山附近的邦国，位于周代疆域的西方，并与中原王朝交流往来。

野生高粱

玉树

昆仑山自古出产美玉。《山海经》中曾将西王母居住的山脉命名为玉山，有学者认为玉山来源于昆仑山的别名——群玉之山。《穆天子传》中则将昆仑山与群玉之山视为两座不同的山脉，但它们共同的特征就是出产良玉。玉在中国古代有非常重大的意义，天子的印信称为玉玺；祭祀天地要用玉质礼器；君子佩玉比喻良好的德行；还有著名的"玉门关"。因此，昆山玉也成了昆仑山的标签之一。

昆仑山上到处"琼楼玉宇"，玉石遍地，不仅有玉矿，就连树木也是珠玉珍宝的材质。据《山海经·海内西经》《淮南子》等记载，昆仑山顶开明兽的周围有珠树、玉树、琁树、文玉树、玕琪树、碧树、瑶树、琅玕木，除了珠树以外，其余树木均以美玉为名。《天问》中后羿登上昆仑山后遇见的"石林"，或许就是玉石之林，所有的树木都由玉石雕砌，不仅美轮美奂，而且永不凋落，象征着仙境的永恒。

后来，晋代的《拾遗记》将这些美玉之木统称为五色玉树，能在夜晚放出光焰，远远望去，如同烛火在海面上漂浮一般，美丽异常。这又引发了后世关于夜明珠、夜光杯的神秘传说。还有人认为五色玉树指的是海中的珊瑚，其色彩鲜艳，材质坚硬如玉石，形状也与树木近似，因此在一些文献中，也将珊瑚称作"宝树""玉树"。

珊瑚玉树

五色玉树

不死树

昆仑山是不死神话的集大成者，山顶的不死树更证明了这一点。

《山海经·大荒南经》曰："有不死之国，阿姓，甘木是食。"郭璞注曰："甘木即不死树，食之不老。"另外，昆仑山以东有个地方名叫寿华之野，"华"也可作"花"解，"寿"则指寿木，也就是不死树，可见不死树生长在昆仑山附近，那么不死之国也可以表示昆仑山这一圣地了。

前文的玉树代表了永恒，玉不朽不灭，可以视为不死；月亮缺而复圆，也是一种不死的状态。这两种意象都可以用于解释古代不死神话的内在逻辑。之前我们讲过，月中有桂树的传说或许是甘木（不死树）的来源，其实还有另一种解释，即甘木是玉树的一种，或玉膏灌溉而出的神木。

正如《山海经·西山经》所载，峚山上有玉膏，灌溉滋养了丹木，"五色乃清，五味乃馨"，茎干赤红，叶片圆圆，开出黄花，结出红果，果实味道甜蜜如饴糖，食后使人不再感到饥饿。玉能够赋予丹木止饥的能力，也应当可以赋予甘木令人长寿的功能。

长生不老是人类的梦想，如果只需要吃下一种东西就能达成梦想，那可太方便了。因此在人们笃信神仙学说的古代，无数帝王将相和普通人，都前赴后继地去寻找仙药。其中最著名的莫过于秦始皇派出的方士徐福，他率领三千多人驾船出海，寻访仙山与"长生不老药"。还有一些人因求而不得，就开始自行炼制仙药，《西游记》里太上老君的炼丹炉就发源于此。可惜，丹药长生并不十分可靠，中国古代历史上有不少皇帝就是因为乱吃丹药而中毒身亡的。

不死树

·二六八·

圣木曼兑

圣木曼兑

开明北有视肉、珠树、文玉树、玗琪树、不死树。凤皇、鸾鸟皆戴蔽。又有离朱、木禾、柏树、甘水、圣木曼兑，一曰挺木牙交。

——《山海经·海内西经》

开明兽身边不仅有神奇的玉树、神圣的凤皇，还有木禾、柏树、甘水等看似寻常的景物，但有一株圣木曼兑却让人摸不着头脑。有的人将之拆分为圣木、曼兑两物来理解，然而后文的"挺木牙交"应该是其别名，若再以挺木和牙交来分别对应，则显得奇怪。凭直觉看，圣木曼兑与挺木牙交应为一物，而且是一种树木。

《山海经》毕竟年代久远，其中文辞古奥，许多字句存在错误和缺漏，也有一些疑似外域传入的名词，今日已不可解读。不过，仅凭简短的几个字，我们也可有些模糊的想象，能称得上"圣木"的神树，自然是高大笔挺，枝叶层叠，或垂挂珠玉，或有神鸟金乌栖息其上。

服常树

服常树，其上有三头人，伺琅玕树。

——《山海经·海内西经》

服常树，历代以来无人知晓应做何解，也不知能否对应到现实的树木，然而上面的三头人却很有意思，令人浮想联翩。

《山海经》记载，昆仑山的东方有一个三首国，那里的人就长有三个脑袋。《大荒西经》里记录了一个三面人，是颛顼之子，三面一臂，是不死之身。他们会是服常树上的三头人吗？

其实三头人的确有自己的名字——离朱。这个名字早已埋藏在《山海经》中一些不起眼的角落，例如《海内西经》中记录了开明兽以北有离朱。有人认为离朱或许指神鸟金乌，也有说离朱是黄帝之臣，直到《艺文类聚》所辑录的《庄子》佚文才有明确解释，离朱"一人三头，递卧递起，以伺琅玕"，指离朱的三个头轮流休息，永不间歇地守护着琅玕树。

服常树

沦波舟

沙棠木

西南四百里，曰昆仑之丘……有木焉，其状如棠，黄华赤实，其味如李而无核，名曰沙棠，可以御水，食之使人不溺。

——《山海经·西山经》

昆仑山上有一种名为沙棠的树木，形状近似普通的棠梨树，开黄色的花，结红色的果实。果实长得像李子，但没有核，人吃了便不会溺水。

如果让你猜"使人不溺"到底是什么意思，你可能会回答：让人突然学会了游泳，或能在水中呼吸，或是能浮在水面上不下沉……还有一种更大胆的猜想，沙棠木质密防水，可以用来制造潜水艇。这可不是我们一时脑洞大开，只能说古人的想象力非常超前。

《拾遗记》中有一个小故事，秦始皇在位的时候，有宛渠国的百姓乘一艘沦波舟，穿行海底，来到秦始皇面前。这些人身形巨大，有十丈高，穿着鸟羽和兽皮制成的衣服，说起天地初开的事情，仿佛亲眼见过一般，说明他们的寿命很长，仿佛就是不死之国的国民。而他们的沦波舟外形如同海螺，沉在水下行驶，海水并不会浸入船身，这不就是古人想出的潜水艇吗？说不定沦波舟的材料就是可以避水的沙棠木呢！

沙棠木

薲草

西南四百里，曰昆仑之丘……有草焉，名曰薲草，其状如葵，其味如葱，食之已劳。

——《山海经·西山经》

薲草就是传说中的忘忧草，这种植物类似冬葵，味道如葱，服食后能够驱除疲劳，缓解忧愁，与不周山上的嘉果效用一致。

古人可能很早就发现某些植物食用后可以舒缓紧张情绪，令人精神愉悦，比如茶叶、咖啡豆，虽然他们并不了解其中起作用的具体成分，但并不影响人们充满热情地寻找和种植那些有用的植物，神农尝百草的故事就来源于此类经历与精神。

薲
草

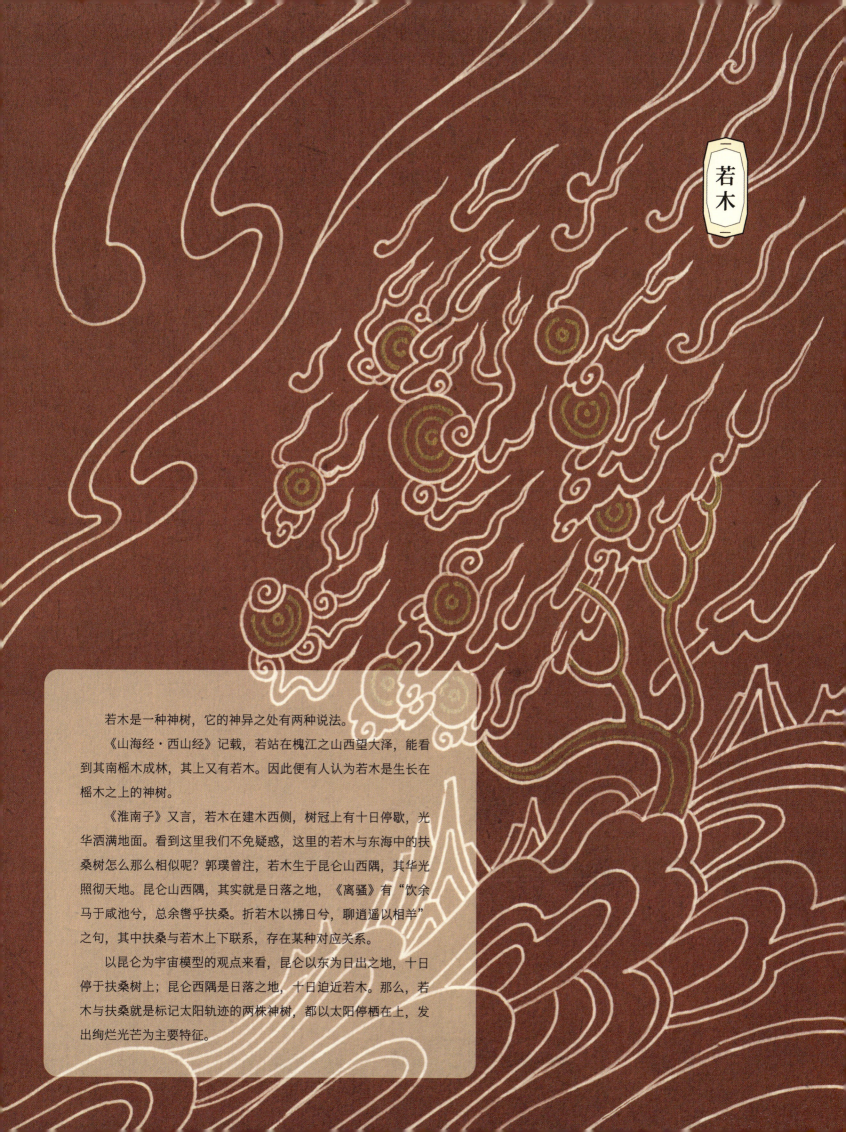

若木

　　若木是一种神树，它的神异之处有两种说法。

　　《山海经·西山经》记载，若站在槐江之山西望大泽，能看到其南榣木成林，其上又有若木。因此便有人认为若木是生长在榣木之上的神树。

　　《淮南子》又言，若木在建木西侧，树冠上有十日停歇，光华洒满地面。看到这里我们不免疑惑，这里的若木与东海中的扶桑树怎么那么相似呢？郭璞曾注，若木生于昆仑山西隅，其华光照彻天地。昆仑山西隅，其实就是日落之地，《离骚》有"饮余马于咸池兮，总余辔乎扶桑。折若木以拂日兮，聊逍遥以相羊"之句，其中扶桑与若木上下联系，存在某种对应关系。

　　以昆仑为宇宙模型的观点来看，昆仑以东为日出之地，十日停于扶桑树上；昆仑西隅是日落之地，十日迫近若木。那么，若木与扶桑就是标记太阳轨迹的两株神树，都以太阳停栖在上，发出绚烂光芒为主要特征。

嘉果

又西北三百七十里，曰不周之山。北望诸毗之山，临彼岳崇之山，东望泑泽，河水所潜也，其原浑浑泡泡。爰有嘉果，其实如桃，其叶如枣，黄华而赤柎，食之不劳。

——《山海经·西山经》

从不周山上能看到黄河的发源处，那里"浑浑泡泡"，水势浩大雄壮。

在黄河水的灌溉下，不周山附近长出了一种珍稀的果树——嘉果。其树开黄花，花萼却是鲜红色的，叶片与枣树叶类似，果实像是桃子，吃了便不再感到疲劳，也能去除烦恼忧虑。

嘉果

玉瓜

《抱朴子》有言，仙人曾登上昆仑山，摘了一个山间长出的玉瓜。玉瓜的模样、质地都和美玉一样，通透润泽而又坚硬无比。唯有用昆仑山玉井中的水洗过后，玉瓜才会软化，也就能享用了。

在不同的故事版本中，主角玉瓜被换成了玉桃、玉李等各种水果，总体来说，都是在人间常见的物体上增加一层神秘感。

玉瓜

醉草

《尸子》：赤县洲为昆仑之墟。其东则卤水岛。山左右，玉红之草生焉。食其一实，醉卧三百岁。

——《太平广记》

昆仑山四周长有玉红色的醉草，顾名思义，吃了它结出的果实，能醉倒三百年。

三国时曹操曾作诗云："何以解忧，唯有杜康。"杜康是酒的别称，最初的酒是利用水果或谷物发酵，形成含有微量酒精的液体。传说晋代竹林七贤之一的刘伶就是一个大酒鬼，常常一醉数日不醒。而这醉草不愧是生长在神话仙境中的植物，能让人一醉不起三百年，威力着实令人咋舌，也称得上是另一重意义上的忘忧草了。

醉草

第八章

穆王西行
群玉之山

『想象昆山姿，缅邈区中缘。』

昆仑山的神话不知源起于何时，流传至今而经久不衰。早在西周时期，中原的天子已对那处神仙秘境心驰神往，决心亲自率领队伍，踏上迢迢西行之路，去往他心目中的神山昆仑。这位天子就是周穆王，《穆天子传》记录了他旅程中的见闻与行止，我们也得以透过他的视角，看旌旗漫卷、长河古道，西行路上狩猎采玉，会盟诸侯，还能与西王母对坐共饮、歌咏抒怀，寄情瑶池玉树，留下千年风雅。

不过，周穆王寻访昆仑、会见西王母的行为动机似乎不同于后羿，也不同于后世那些问鬼求神、祈长生术的君王，他并未向西王母求取不死药，只是两国君主在瑶池宴饮，结下深厚的情谊。难道周穆王就不想长生不死吗？

在《穆天子传》中，周穆王每到一个邦国，便要接见当地部族的首领，举行田猎、宴会和祭祀典礼，到达昆仑山周边时，则命令军士们开山采玉。他的行为无疑是为了团结诸侯，宣扬王朝的威仪，但那些具有神圣意味的仪式始终围绕着一样东西——玉。玉似乎蕴含着某种特殊的信仰、情感，更造就了昆仑山的灵魂。

昆山有玉

汉武帝时，张骞凿通西域之后，便建立了一条稳定的商道，如今我们称之为"丝绸之路"。沿着这条商路，无数货品进出边关。其中，玉石是最具代表性的一种商品，它从西域源源不绝地运抵中原，以至于连通西域的门户也以它为名，叫作"玉门关"。此后，这个名称代代沿用，成为边关、塞外的一种象征。王之涣《凉州词》的"羌笛何须怨杨柳，春风不度玉门关"，王昌龄《从军行》的"青海长云暗雪山，孤城遥望玉门关"……此类诗词数不胜数。

记载周穆王西征的《穆天子传》对玉料的收录已经有了很细致的分类，如玗琪、琅玕、璆琳、瓃瑰等。《山海经》中也有璇玗之玉、碧、瑶、水玉、水碧、珉、糜玉、苍玉、珚玉、璇玉等多种多样的描述，不仅涵盖形状、颜色，有时还按照不同用途分类，如"婴垣之玉"（也就是可以戴在脖子上的玉石）等类型。

在清代小说《红楼梦》里，男主角名叫宝玉，是赤瑕宫神瑛侍者托生的。他的玉字辈的兄弟还有贾珠、贾琏、贾珍、贾环、贾瑞、贾琮、贾琼、贾珩、贾玑、贾璘、贾琛……这些都是美玉的名称，可谓洋洋大观。

中国人喜爱玉石，在这些特殊的石头身上投射道德、情感、想象与信仰，形成了独有的玉石文化。而这份对玉石的狂热已经延续了数千年，直到今天也未曾消退，可这与昆仑山又有什么关系呢？

《千字文》记载："云腾致雨，露结为霜。金生丽水，玉出昆冈。"

玉是昆仑山的一张名片，昆仑有玉的传说盛行了几千年。玉石是一类独特的地质活动的产物，因其坚硬而通透的特性，在中国古代文化史上占据了非常重要的地位。昆仑山与玉的联结，不仅在于财富、地理、传说，可以说，昆仑山的神秘与圣洁正是建立在玉石之上，它是真正的群玉之山。

玉石与昆仑山的渊源远早于玉门关的出现，大概可以推到《大戴礼记》记载的"舜时，西王母献白玉琯"，甚至更早之前。也就是说，至少帝舜在位的时候，西北方向的邦国就已经将玉石进献到中原了，而玉石出产之地昆仑山，也从此成为美玉、奇珍的代名词。

春秋时期，《谏逐客书》《吕氏春秋》等文献中都提到了"昆山之玉"，且多与"随和之宝""江汉之珠"并列，将昆山玉与和氏璧、随侯珠并列，称作是天下难得的奇珍。

昆仑山和西王母都在遥远的异域，出于某种心理作用，人们很容易将未知的异域神秘化、崇高化，向它投射出自己的美好寄托，加之玉石本身在文化中的神圣性，更增添了一重想象。就像古代罗马人幻想的中国"赛里斯"（丝国）那样，树木上生长着一根根生丝，人们生活富足，悠闲而有礼，只需要拿起剪子把丝剪下来，就能做成丝绸。

《山海经》中，西王母的居住之处也叫作玉山，说明当时的人已经在心中建立了"玉山＝群玉之山＝昆仑山"的观念。由此，昆仑山成为美玉珍宝之乡。山上众多的玉树、十二玉楼、琼华之室、瑶池等景物，都与玉石有关。后世诗文中有我们熟悉的"昆山玉碎凤凰叫""如彼昆山玉，本自有光辉"等，昆仑山与美玉再也分不开了，融合为人们心中一种遥远而神秘的想象。

《穆天子传》

在神话传说中，能够到达昆仑山的往往都是帝王将相、英雄人物，比如黄帝在昆仑山上建造了宫殿；鲧盗息壤、禹掘昆仑的治水传说；还有后羿闯过层层关卡求取不死药的故事。这些人物和传说具有浓重的神话色彩，意味着人们对故事发生的年代、地点、背景以及真实性无法明确把握，虽然神话代代流传，但人们会更倾向于认为其中的事件是虚构的，或经过了一些艺术加工。

然而，《穆天子传》中讲述的周穆王与西王母相会于瑶池的故事却显得异常真实。首先，人物年代可考，其记述的地理路线似乎也符合西北地貌。周穆王西巡之事，《左传》等史书也有提及，交叉印证下应有其事。另外，《穆天子传》出自战国时期的魏襄王墓葬，于晋代因盗掘而现世，字体与文法皆十分古老，足以证实它确为古书，不是后人伪造。

如果《穆天子传》所载是真实历史，那么

西王母应是西北方国或部落的首领，她自称天帝之女，应该还兼任宗教领袖的职责。《山海经》记载的西王母居住在昆仑山或玉山，而《穆天子传》中的西王母之邦更在昆仑山、群玉之山之外的西方。有学者猜测其位于中亚或帕米尔高原之上。

可惜的是，《穆天子传》虽为先秦古籍，但魏襄王所处的时代与周穆王仍有数百年间隔，并不能确认其记录属实。而且文本中存在明显的名称错误，例如将"洛邑"称为"宗周"，使用战国时期的货币名称，将"古公亶父"称为"太王亶父"等。因此，大多数学者相信《穆天子传》属于"历史小说"范畴，是结合了史实和想象、神话元素等创作出来的"游记"，它博采众长，糅合了当时中原与西方各邦的交流往来，汇集到穆王巡狩事件上，尤其周穆王会见西王母的情节还带有《高唐赋》《洛神赋》般君王神女巫山之会的浪漫气息。

神玉通天

　　石之美者为玉，玉在本质上还是石头，为什么会被视为珍宝呢？

　　第一，物以稀为贵。

　　《说文解字》言："宝，珍也。"这两个字都以"玉"为部首，代表稀少和珍贵。"宝"的古字中有"宀""贝""玉"，具有"房中有玉和贝"的意思。古代的人们曾以贝壳为货币，流通过很长一段时间，原因是贝壳产量少，故而珍贵。能与贝一同保存在屋子里的玉，当然也是数量稀少、价值很高的物品。战国时期，秦王曾提出用十五座城池换一块美玉，成语"价值连城"便是这么来的。

　　《太平御览》的珍宝部头一句就引用了《尚书》中的"遂伐三朡，俘厥宝玉"，西汉的孔安国注："俘，取也。玉以礼神，使无水旱之灾，故取而宝之。"这里的"宝"可作动词解释，有珍藏之意，将玉收藏在房屋中的行为，就是"珍藏"。这条注解还解释了玉成为珍宝的原因，玉器可以用于祭祀神灵，让洪水、干旱等自然灾害得以平息，所以要作为宝贝夺取并收藏起来。

　　第二，玉所代表的美好品德是其他金石之类所不具备的。

　　早在商周以前，贵族就有佩玉的习惯。玉是君子的象征，"言念君子，温其如玉"。据《管子》记载，玉有九种美德，因此君王珍视玉石，并以玉为原料，制作成符瑞，也就是玉玺，它是皇权的象征，代表君王的合法统治，得玉玺者得天下。

　　夫玉之所贵者，九德出焉。夫玉，温润以泽，仁也；邻以理者，知也；坚而不蹙，义也；廉而不刿，行也；鲜而不垢，洁也；折而不挠，勇也；瑕适皆见，精也；茂华光泽，并通而不相陵，容也；叩之，其音清搏彻远，纯而不杀，辞也；是以人主贵之，藏以为宝，剖以为符瑞，九德出焉。

　　　　　　　　　　　　——《管子·水地》

　　以我们现在的眼光来看，玉的九种美德是人赋予的，玉玺的权力也是人附加上去的。但在古人眼中，玉石的王者之气是天然生成的。《管子·水地》认为水与地是万物的本源，土地作为孕育万物的基础，而水则是土地的脉络，赋予万物精神。玉石是地与水的产物，水凝聚在玉中，令玉石拥有了滋养万物的美德。联想一下昆仑山既是"地首"，又是"水之灵府"，是不是与玉石的属性相符？

第三，因为玉石是天地精华凝结而成，在昆仑山"通天"神话中，玉起到了与天地沟通的媒介作用。

《周礼》中记录了以玉为"六器"，祭祀天、地、四方的制度："以苍璧礼天，以黄琮礼地，以青圭礼东方，以赤璋礼南方，以白琥礼西方，以玄璜礼北方。"璧、琮、圭、璋、琥、璜都是形制不同的玉器，它们的颜色也要与受祭祀的对象相对应。

六器：琮、璧

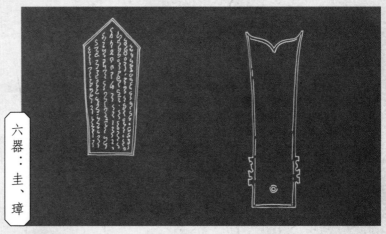

六器：圭、璋

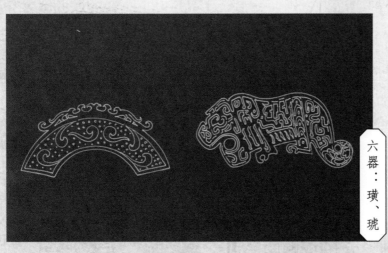

六器：璜、琥

六器之中，礼天的苍璧比较特殊，其他五器代表五行，苍璧独立在外，却又处在首要位置。苍是天空的颜色，苍色之玉制成的圆形玉璧，就是苍天的化身。类似的习惯用语还有：把天上宫阙叫作琼楼玉宇，把神仙住处叫作瑶台，天女叫作玉女，天帝称为玉皇，将重要的天体命名为璇玑、玉衡，等等。这些流传下来的词语不仅华丽富有文采，更是一种古老观念的反映——玉能通天。

由此再来看女娲补天的神话，便会拥有完全不同的视野。东汉的王充就在《论衡》中发问，天是气体呢？还是实体呢？如果是气体，石头如何去修补？能被石头修补好，说明天是玉石一类的实体，那就非常沉重，即便是五岳那样的高山也无法撑起。既然撑天的不周山已经倒塌了，女娲又如何再把天升到空中呢？

如果把女娲熔炼的五色石等同为玉石，就很好理解了。《红楼梦》中提到女娲补天剩下的石头，在神仙手中变化成"通灵宝玉"。女娲熔炼的过程可能是希望去除杂质，提升玉石的神圣性。因为玉和天是相同属性，只有它可以和天相融相补。因此，以玉补天的行为本质上是以玉通天，若按照《金枝》对巫术的分类，女娲补天的仪式应该属于交感巫术的范畴。

女娲补天

以玉事神

既然玉能通天，祭祀典礼可少不了它。祭祀的本质是人通过仪式和神做交换，在仪式上奉献祭品、举行舞乐，以取悦神明。在祭品当中，一般以动物牺牲（如太牢、少牢）、粮食、酒、烛等为主，玉器也是重要物品之一。

《山海经》记录了许多祭祀山神、水神、土地神的仪式规则，绝大部分都要用到玉器，还要配合不同的动作。《仪礼》言："祭山、丘陵，升。祭川，沉。祭地，瘗。"也就是说，在祭祀高山时，要把祭品投向高处；祭祀河流时，要把祭品沉入水中；祭祀土地时，则要把祭品埋到地下。我们在第五章"天国的照影：巫咸之国"一节"祭祀之礼"中提到过祭祀《西次三经》中山神的仪式，需要将一块吉玉埋入地下，这就是"瘗"；《穆天子传》中的周穆王要祭祀黄河之神，便将一块玉璧抛入河水中，这是"沉"；还有《西山经》记载的黄帝食玉膏故事，其中黄帝"取峚山之玉荣，而投之钟山之阳"，这个"投"的动作显然属于祭祀山神的行为，与"升"相似。

《西山经》描述的祭祀华山仪式中还需要祭祀者"婴以百珪百璧"，即佩戴或手持珪、璧两种玉器。我们在影视剧中经常看到皇帝祭天大典，皇帝会穿着祭服，手持白玉圭，这就显示了他作为祭祀者与神灵代言人的身份。

昆仑山是蛇巫之山，巫，即巫祝。在《说文解字》中，巫与灵的意思基本相同，对"灵"字的解释讲得非常明白："灵，灵巫，以玉事神。"说明巫祝就是用玉侍奉神明的人。在巫风弥漫的时代，玉器是最重要的通神媒介。

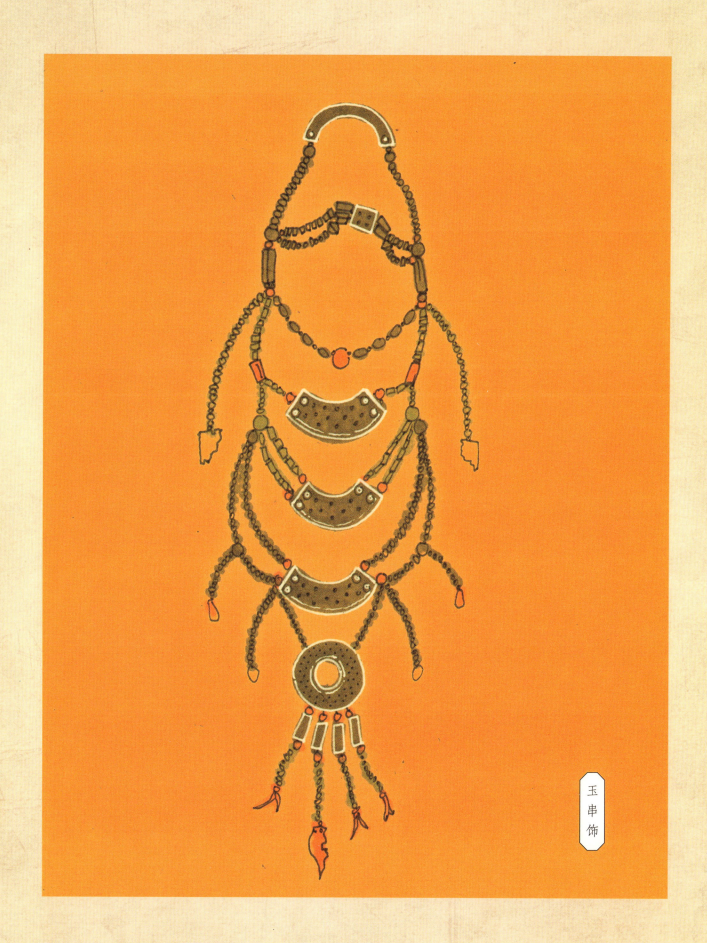

玉串饰

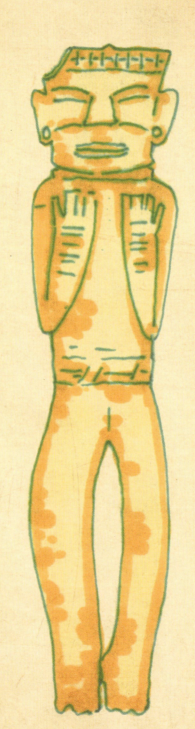

玉人像

中国人的宗教意识并不强烈，儒家和道家最初都是诸子百家的学说，并没有形成严格的神学体系，有人开玩笑说：不对，中国有"拜玉教"，对玉石的崇拜就是我们原始宗教的一种表现形式。

在原始社会初期，最早出现的兵器是石器，最早的劳动工具也是石器，有了石器，人类获取自然资源的能力大大增强，可以说是救命之器。长久的"与石共生"令人们产生了对石头的重视与崇拜之情，这类情感进而转移到数量稀少、外表清润的玉石身上，从久远的石器时代一直流传下来，成为根植在我们精神文明深处的一种文化基因。

随着等级制度的建立，与神关系越近的人群，其社会等级也就越高。玉器作为通神媒介，便成了神权的象征，随即变成社会等级的象征物。即便在巫风渐渐消散的封建社会，诸多珍宝中依旧以玉为至尊，有些玉器规定为帝王专用，各阶层的用玉和佩玉规范也互不相同，如《周礼》对祭祀时手持的玉器做出严格规范："王执镇圭，公执桓圭，候执信圭，伯执躬圭，子执谷璧，男执蒲璧。"

楚国人卞和开采出和氏璧的璞玉后，宁可承受酷刑，也要三次向楚王献上和氏璧，不仅因为和氏璧成色极好、全无杂质，是古人眼中地母所出、水精所蓄的天地精华，更因为珍贵的玉器代表天命所归，拥有它的人就是神明属意的帝王，所以和氏璧制成的传国玉玺自然就成为王权与神权的双重象征物。《史记》记载了一起神秘事件。秦始皇在巡游天下的时候，渡江遇到风浪，为了平息江神之怒，唯有将传国玉玺（一说为玉璧）沉入水中，果然即刻风平浪静，船舶安然靠岸。八年后，有人在华阴平舒拦住了秦始皇的使者，请他将一块玉玺还给秦始皇，这块玉玺竟然就是当年沉水的那一件。

投玉器于江水之中，本就是祭祀河神的仪式之一。古人如此编织故事，就是表明他们心中对"玉能通神"这一特性的认可。《水经注》中还有一个故事，孔子的学生澹台子羽带着价值千金的玉璧渡河，河神垂涎玉璧，掀起波涛，又派出两条蛟龙围住了澹台子羽的船，澹台子羽拔剑斩杀了蛟龙，把玉璧投入河水，河神不肯接收，又将玉璧抛回船上，如是再三，澹台子羽只好在岸边将玉璧毁坏后离去，表明自己并不吝惜玉璧，而是不愿受到威胁和劫掠。

在民间故事中有黄帝食玉膏、赤松子服食水玉、昆仑山玉瓜之类的传说，这些玉石能够令人成仙的说法，其本质上是巫风的遗留和演变。

古时候的玉石崇拜体现在社会生活的各种方面，在不少史前的城墙、池塘、房屋、祭祀坑、墓葬等多种遗址当中都发掘出不少玉器，有用于镇宅奠基的，有作为仪仗兵器的，有用于举行仪式或占卜的，有用作装饰的，品类繁多，体现出玉器在古人信仰上的重要地位。

2008年北京奥运会的奖牌就是采用镶嵌玉石的设计，这也是中华几千年玉文化的缩影，在世界舞台上独树一帜，大放光彩。

玉鷹

传国玉玺

魂灵归处

　　一位尊贵显赫的贵族去世了，他的葬礼极尽哀荣。

　　死者的手里握着玉猪，代表掌握财富和权力；口中含一块玉玲，代表复活与新生；脸上盖着小玉片做成的玉覆面，寓意死者瞑目；脚下踩着玉踏，令他能登仙而去；最奢华的是他身上穿的金缕玉衣，用金丝串联上千玉片编织而成，温润晶莹、精巧细致，完美地贴合墓主人的身体。人们相信，被玉石包围的死者能够尸骨不朽，灵魂升天，去往极乐世界。

　　人类的灵魂观念出现得非常早。存在于旧石器时代晚期的山顶洞人会掩埋死去的亲人，并在尸体周围撒上赤铁矿粉来表现血液，这说明他们已经萌生了"死而复生"，或者说灵魂再生的观念。在新石器时代则出现了大量玉器随葬的现象，被称为"玉殓葬"或"唯玉为葬"，能够享受玉器随葬的人一般都有崇高的社会地位，掌握着当时的宗教或政治权力。

　　《穆天子传》曾详细描述了周穆王为宠妃盛姬举行的葬礼，其规格等同于王后，用上了日月之旗、七星之文、百物丧器等仪仗用品，送葬队伍的规模也十分可观，百官、宗室子弟、侍从、姬妾们都要哭丧游行，游

行的终点在一百五十里外的重璧之台。这座重璧之台是专为盛姬建造的，"重璧"得名于台的形状如玉璧层层垒起，是不是让人联想到昆仑山"三成"与增城"九重"的相关描述？在送葬队伍到达终点时，周穆王命人引来水流环绕灵车，这与弱水环绕昆仑山、辟雍环绕明堂的形式就更加相似了。

根据古人对玉石的特殊崇拜与盛姬的葬礼仪式，我们可以推测，昆仑山兼具日月之山和群玉之山这两重特征。简而言之，昆仑山整体构造就是一座用玉制成的高台，玉石能够通天，因此昆仑山也是天的象征，是天与地连接的通道。古人经由玉殓葬的形式，令灵魂在玉石的指引下归于玉山昆仑，喻示着魂归天界，获得超脱与永生。

盛姬葬礼

玉覆面

·三〇〇·

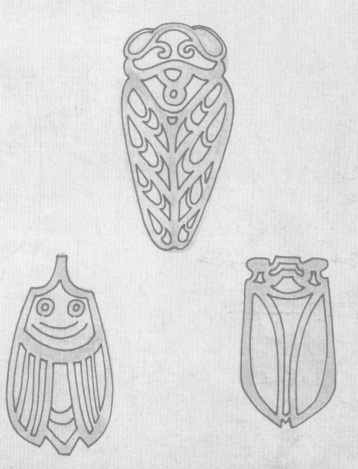

玉琀

从山石水流，到神仙宫殿，再近至微距地观察一草一木，我们细致地拆解了昆仑山内外所有元素。而后切换视野，将镜头拉远，远到能够将整座昆仑山收于眼底，日月星辰皆环绕它运行，四季轮转也在它周身具象化为一个又一个充满神圣意义的图案。昆仑山之于古人，就像一台设计精密的宇宙模型，兀自运转，永不停歇。

昆仑山的神圣有三个核心，而这三个核心是相互嵌合的。首先，昆仑山是日月所归之地，这座山与众多天体相通，变成了宇宙的化身；其次，昆仑山盛产玉石，玉器是祭祀使用的礼器，具有『通神』的作用，由此昆仑山成了天然的祭台；最后，昆仑山是仙人的住所，以古人的生死观来看，成仙就是人的『不朽』，因此要让死后的魂魄归去昆仑，实现灵魂不灭，与日月星辰、苍天大地融为一体，实现真正的永恒。

这就是昆仑山能成为古往今来万众神往的圣山的原因，它代表着自然的秩序，不变的规律，是真正的永恒之国。

参考文献

著作

1. 袁珂. 山海经校注 [M]. 上海: 上海古籍出版社, 1980.
2. 袁珂. 中国神话史 [M]. 北京: 北京联合出版公司, 2015.
3. 叶舒宪. 英雄与太阳 [M]. 上海: 上海社会科学院出版社, 1991.
4. 叶舒宪. 玉石神话信仰与华夏精神 [M]. 上海: 复旦大学出版社, 2019.
5. （晋）郭璞注，（清）洪颐煊校，谭承耕、张耘点校. 山海经·穆天子传 [M]. 长沙: 岳麓书社, 1992.
6. 金祖孟. 中国古宇宙论 [M]. 上海: 华东师范大学出版社, 1991.
7. 陆思贤. 神话考古 [M]. 北京: 文物出版社, 1995.
8. 何新. 诸神的起源 [M]. 北京: 光明日报出版社, 1996.
9. 陈美东. 中国古星图 [M]. 沈阳: 辽宁教育出版社, 1996.
10. 吕微. 神话何为: 神圣叙事的传承与阐释 [M]. 北京: 社会科学文献出版社, 2001.
11. 杨天宇. 周礼译注 [M]. 上海: 上海古籍出版社, 2004.
12. 顾颉刚，刘起釪. 尚书校释译论 [M]. 北京: 中华书局, 2005.
13. 林家骊译注. 楚辞 [M]. 北京: 中华书局, 2010.
14. 陈广忠译注. 淮南子 [M]. 北京: 中华书局, 2012.
15. 陈桐生译注. 国语 [M]. 北京: 中华书局, 2013.
16. 管锡华译注. 尔雅 [M]. 北京: 中华书局, 2014.
17. 刘宗迪. 失落的天书——《山海经》与古代华夏世界观（增订版）[M]. 北京: 商务印书馆, 2016.
18. 凌纯声. 昆仑山与西王母（节选）[M]// 马昌仪. 中国神话学百年文论选. 西安: 陕西师范大学出版社, 2018.
19. 萧兵. 中华民族神话与传说 [M]. 南京: 译林出版社, 2020.
20. 陈丹阳. 中国人应知的古代科技常识 [M]. 北京: 中华书局, 2020.

论文

1. 王洪军. "河出昆仑": 三千年的观念误读 [J]. 哈尔滨工业大学学报（社会科学版），2017, 19（3）: 46-58.
2. 刘宗迪. 昆仑何在？——《山海经》昆仑地理考 [J]. 民俗研究，2019（4）: 5-31+157.
3. 沈婉婷. 昆仑龙脉观念溯源 [J]. 民俗研究，2019（4）: 56-68+158.
4. 钟宗宪. 昆仑文化意义的递变 [J]. 民俗研究，2019（4）: 45-58+157-158.
5. 高莉芬. 神圣空间的想象与建构: "昆仑"多重空间形态及其象征意涵 [J]. 民俗研究，2019（4）: 32-44+157.
6. 罗燚英. 昆仑神话与汉唐道教的世界结构 [J]. 云南社会科学，2014（1）: 149-154.
7. 袁珂. 试论神话空间的三界 [J]. 民间文学论坛，1992（5）: 1-9.
8. 叶舒宪. 从玉教到儒教和道教——从大传统的信仰神话看华夏思想的原型 [J]. 社会科学家，2017（1）: 137-142.
9. 印志远. 论《楚辞章句》中的三种昆仑模型 [J]. 扬州大学学报（人文社会科学版），2018, 22（3）: 84-91.
10. 吴晓东. 《五藏山经》祭祀考释 [J]. 广西民族师范学院学报，2016, 33（4）: 4-8+38.
11. 顾颉刚. 《山海经》中的昆仑区 [J]. 中国社会科学，1982（1）: 3-30.
12. 黄开国. "绝地天通"的文化意义 [J]. 湖南大学学报（社会科学版），2019, 33（6）: 24-27.
13. 王浩. 台湾及海外学者的昆仑神话研究概述 [J]. 青海师范大学民族师范学院学报，2018, 29（2）: 46-51.
14. 李杰玲. 蛇与昆仑山: 古代"不死"文化观念之源 [J]. 青海社会科学，2011（3）: 175-179.
15. 萧兵. 《山海经》的乐园情结 [J]. 淮阴师专学报，1997（4）: 11-18.
16. 付希亮. 周部落联盟图腾文化人类学分析 [J]. 浙江海洋学院学报（人文科学版），2016, 33（6）: 55-60.

17. 吴晓东. 危杀窫窳考 [J]. 贺州学院学报, 2016, 32 (1): 94-98.

18. 吴晓东. 颛顼神及其在《山海经》里的记载 [J]. 贵州民族大学学报（哲学社会科学版）, 2020 (3): 129-145.

19. 郭芮彤, 周彩虹. 夸父意象的原型分析 [J]. 河南教育学院学报, 2017, 36 (4): 23-28.

20. 徐美琪.《山海经》中的不死神话与死亡认知 [J]. 绥化学院学报, 2018, 38 (12): 57-60.

21. 纪晓建.《楚辞》《山海经》神话趋同的文化学意义 [J]. 南京师范大学文学院学报, 2011 (2): 6-14.

22. 罗筠筠, 李洁琼. 论中国创世神话的特征和演变方式 [J]. 湖南大学学报（社会科学版）, 2020, 34 (5): 92-102.

23. 陈望衡. 史前中华民族的人天关系观——上古神话及史前出土文物的哲学解读 [J]. 江海学刊, 2016 (2): 23-29+238.

24. 宋文婕. 不朽观念与仙话的兴起：论先秦仙话的发生 [J]. 西南大学学报（社会科学版）, 2017, 43 (6): 112-125+195.

25. 孙定辉.《诗经》原型兴象诗之一：图腾兴象诗 [J]. 重庆师范大学学报（哲学社会科学版）, 2011 (6): 72-77.

26. 龙潜. 虚构的幻觉——血腥的人身兽体解读 [J]. 贵州民族大学学报（哲学社会科学版）, 2011 (6): 69-75.

27. 薛欣欣. 中国古代"操蛇之神"形象初探 [J]. 地域文化研究, 2019 (3): 64-71+154.

28. 孟瑀. 神话中的"昆仑乐园"——《山海经》对汉画像中"昆仑"山脉的影响 [J]. 淮北职业技术学院学报, 2015, 14 (2): 49-50.

29. 毕漾晴. 羿与河伯故事中英雄形象的建构与偏离 [J]. 渭南师范学院学报, 2019, 34 (3): 68-73.

30. 王志翔. 后羿射日神话与羿商战争 [J]. 学术交流, 2019 (9): 159-167+192.

31. 高有鹏. 关于神话重构与尧舜"禅让"神话的真相问题 [J]. 文化遗产, 2018 (1): 84-89.

32. 方辉. 论史前及夏时期的朱砂葬——兼论帝尧与丹朱传说 [J]. 文史哲, 2015 (2): 56-72+166.

33. 贾雯鹤. 尧舜神话谫论：以《山海经》为中心 [J]. 国学, 2019 (1): 3-23.

34. 彭邦本. 再论近年出土文献中的先秦禅让传说——兼谈所谓尧舜禹"篡夺"说 [J]. 四川大学学报（哲学社会科学版）, 2018(4): 5-13.

35. 傅光宇. 方丘神话解析 [J]. 楚雄师专学报, 2001 (2): 58-59+137.

36. 顾涛. 封禅礼的经学意旨 [J]. 文史哲, 2019 (3): 98-114+167-168.

37. 高伟. 红山文化祭天祭坛的形制特点及其内涵继承——以牛河梁红山文化遗址圆形祭坛与北京天坛为例 [J]. 赤峰学院学报（汉文哲学社会科学版）, 2016, 37 (9): 10-12.

38. 宋亦箫. 论玉（石）琮为昆仑之象征 [J]. 荆楚学刊, 2020, 21 (2): 5-10.

39. 张朋兵. 神圣与世俗：文字与图像中的西王母 [J]. 东南大学学报（哲学社会科学版）, 2019, 21 (3): 120-126+148.

40. 施传刚. 西王母及中国女神崇拜的人类学意义 [J]. 青海社会科学, 2011 (1): 119-124.

41. 赵宗福. 西王母的始祖母神格考论 [J]. 青海社会科学, 2012 (6): 216-225.

42. 李书慧.《淮南子》中的西王母形象分析 [J]. 淮南师范学院学报, 2020, 22 (3): 22-24.

43. 王薪. 从汉墓考察西王母"戴胜"图像涵义及流变 [J]. 西部学刊, 2018 (6): 46-49.

44. 张泽洪, 熊永翔. 道教西王母信仰与昆仑山文化 [J]. 青海社会科学, 2010 (6): 1-7.

45. 王煜. 昆仑、天门、西王母与天帝——试论汉代的"西方信仰" [J]. 文史哲, 2020 (4): 58-69+166.

46. 黄交军.《山海经》西王母"戴胜"正解 [J]. 广东技术师范学院学报（社会科学）, 2014, 35 (6): 21-36.

47. 张启成, 梁葆莉. 论西王母及其历史擅变 [J]. 贵州大学学报（社会科学版）, 2004 (6): 88-91+102.

48. 朱佳艺.《山海经》中西王母的神话形象新探 [J]. 徐州工程学院学报（社会科学版）, 2017, 32 (3): 6-10.

49. 柳倩月. 廪君神话的历史内涵与现代表达 [J]. 长江大学学报（社会科学版）, 2019, 42 (3): 1-7.

50. 赵宗福. 中国月亮神话演化新解——以月虎为主题的考证 [J]. 民间文学论坛, 1995 (4): 2-10.

51. 葛志毅, 郭胜团. 共工氏考论 [J]. 人文杂志, 2016 (5): 80-90.

52. 张新斌. 上古时期的洪水治理与国家的形成 [J]. 河南师范大学学报（哲学社会科学版）, 2019, 46 (4): 101-107.

53. 李秀亮. 先秦两汉时期共工形象演变考 [J]. 烟台大学学报（哲学社会科学版）, 2017, 30 (1): 83-89.

54. 向柏松. 水神巫术神话与中国传统农业社会关键性仪式——神话视域下的中国传统文化再发现 [J]. 中南民族大学学报（人文社会科学版）, 2015, 35 (1): 146-150.

55. 张启成, 章原. 共工的历史演变及其评价 [J]. 贵州文史丛刊, 2000 (2): 14-18+73.

56. 黄文著. 神话"鲧禹治水"的历史解读 [J]. 长江大学学报（社会科学版）, 2018, 41 (3): 14-17.

57. 尹荣方. 黄帝神话与《山海经》昆仑丘叙事 [J]. 国学, 2017 (2): 17-38.

58. 吉成名. 论黄帝身世和姓名 [J]. 湘潭大学学报（哲学社会科学版），2017，41（4）：158-161.

59. 高秋宇. 关于中国早期文明国家的形成与轩辕黄帝神话传说问题 [J]. 焦作大学学报，2017，31（1）：1-4.

60. 鄢玉菲. 黄帝与蚩尤形象的演变 [J]. 长江大学学报（社会科学版），2017，40（3）：16-19.

61. 彭慧慧. 论《山海经》中五帝与诸神描写的五行元素 [J]. 中北大学学报（社会科学版），2019，35（4）：82-87.

62. 段友文. 从失忆到重建：《夸父逐日》神话的族源记忆与文化修复 [J]. 文化遗产，2020（2）：97-107.

63. 高梓梅. 论"虎吃女魅"墓葬画像与汉代巫仪 [J]. 中原文化研究，2016，4（4）：99-105.

64. 晁福林. 黄帝与畏兽——《山海经》研究的若干问题补释 [J]. 河南社会科学，2016，24（1）：93-99+124.

65. 叶舒宪. 华夏文明的神话宇宙观与价值观——以昆仑玉山为中心的考察 [J]. 贵州社会科学，2020（6）：77-81.

66. 李炳海. 《穆天子传》与昆山之玉相关名物辨析 [J]. 中州学刊，2019（7）：139-145.